U0889179

光尘
LUXOPUS

原生 LOVE 母爱

如何告别母爱带来的代际创伤

[韩] 李南玉 | 著　　李芳 崔立波 | 译

国际文化出版公司
· 北京 ·

图书在版编目（CIP）数据

原生母爱：如何告别母爱带来的代际创伤 /（韩）李南玉著；李芳，崔立波译．--北京：国际文化出版公司，2021.12（2022.6重印）
ISBN 978-7-5125-1356-3

Ⅰ．①原… Ⅱ．①李… ②李… ③崔… Ⅲ．①人格心理学－通俗读物 Ⅳ．①B848-49

中国版本图书馆CIP数据核字(2021)第221356号

北京市版权局著作权合同登记号 图字01-2021-5799号

原生母爱：如何告别母爱带来的代际创伤

作　者	[韩] 李南玉		
译　者	李　芳　崔立波		
责任编辑	侯娟雅		
出版发行	国际文化出版公司		
经　销	国文润华文化传媒（北京）有限责任公司		
印　刷	北京中科印刷有限公司		
开　本	880毫米×1230毫米	32开	
	7.375印张	108千字	
版　次	2021年12月第1版		
	2022年6月第3次印刷		
书　号	ISBN 978-7-5125-1356-3		
定　价	59.00元		

国际文化出版公司
北京朝阳区东土城路乙9号　　邮编：100013
总编室：（010）64271551　　传真：（010）64271578
销售热线：（010）64271187
传真：（010）64271187-800
E-mail：icpc@95777.sina.net

目录

第二部分

重新理解妈妈与母爱

第三部分

家庭与母爱的巨大能量

推荐语 1

我和家人的故事——深入理解妈妈

每个人都是被妈妈带到这个世界来上的，因此妈妈是每个人心中最重要的人。这本书讲述的正是妈妈的故事。

值得注意的是，伴随着家庭系统建构和变化的过程，母亲与子女关系的意义与特性会产生某些变化。妈妈在原生家庭中耳濡目染的生物学、社会学方面的经验、经历使她在建立新家庭后诠释出具有独特性的母爱底色。所以我们可以说，妈妈独特的原生家庭模式造就出其独特的原生母爱，这影响着她在自己家庭中的夫妻关系与亲子关系。另外，子女是否为计划中出生、性别是否恰如期待，孩子是否有着良好的性格、是第几个孩子，父母是否保护子女，抑或是否正在接受子女的帮助，等等，都会对夫妻关系、亲子关系产生很大的影响。倘若父母不具备独自解决自身问题的能力，那么子女反而会承担起父母的角色。由于子女的性格各不相同，亲子关系也呈现出千姿百态，因此，父母如何对待子女也不尽相同。

这本书从系统的家庭治疗理论出发，揭示了深入理解妈妈的正确方向。父母能否充分地满足子女在志向、依恋、有益经验、克服创伤、自信自立等方面的基本需求，决定了子女能否健康成长。也就是说，当父母无法满足子女的基本情感需求时，子女不仅无法健康成长，甚至会将其痛苦的经历与成长历程刻入脑海，弥久不忘。这同样证明了以克服阴影创伤、打造美好未来为目的，以族谱分析和建立家庭为中心的系统性家庭治疗是极为必要的。

本书作者李南玉教授凭借 30 多年的系统性家庭治疗经验，拥有治愈母爱创伤的“超能力”。相信此书能使读者深入理解自身、妈妈与家庭，进而拥有幸福生活，享受美丽人生。

——彼得·西泽（德国费希塔大学　心理学教授）

写于春天　费希塔

推荐语 2

以温暖深邃的目光，抚慰人之殷殷渴望

此书是著名家庭心理咨询专家李南玉教授围绕原生母爱，及与妈妈的心理层面关系，呕心沥血著成的佳作。李南玉教授有超过 30 年的心理咨询经验，是韩国家庭治疗界的顶级权威人士，在德国、中国家庭治疗领域也备受关注。

父母与子女、丈夫与妻子构成的家庭关系是人际关系中最基础、最根本的部分。家庭由最亲近、最切身的关系构建而成，正因如此，家庭关系中也离不开爱与深情、厌恶与感动、冲突与忧郁、感恩与愤怒、恐惧等多种多样的情感。这些情感在漫长岁月中纠葛缠绕，不可避免地会给家人带来非本意的，甚至是无法挽回的痛苦与伤痕。

家人之间普遍存在的多种表面冲突中，有一类冲突

发端自与妈妈的关系，其呈现出的特点微妙又隐秘。作者以心理学视角审视这种关系，以亲切的、充满温情的讲述提供可行的家庭治疗方案。多年来，作者曾经帮助众多家庭从妈妈造成的伤痕与冲突中走了出来，将家庭成员之间长久以来的误会与绝望转换为希望，将冲突与愤怒转换为理解与关怀。

作者李南玉教授曾对我说："我无数次见到曾经深受家庭冲突困扰的人们，经过几次心理咨询后，与自己、与家人达成和解，一家人其乐融融的场景。对我来说，这些场景带给我的无限成就感与喜悦不可替代。"这段话令我感触颇深。此后，我每每面对李南玉教授，都能更进一步地感受到她独有的柔和、温暖与真诚。我认为，只有李南玉教授才能称得上是生态学取向[①]的心理治疗学派——家庭治疗的最高权威。

当今，社会体制急剧变化，家庭制度崩溃坍塌，教育体制令人压抑，以IT产业为代表的第四次产业革命的社会、文化、经济方面的剧变滚滚而来，席卷韩国。在这些巨大变化的旋涡中，传统的家庭关系也早已发生了

① 译者注：生态学取向是当代心理学研究的主要趋势。在发展心理学领域，生态系统理论是代表性的理论之一。

重大改变。家庭成员之间的意识结构及交流沟通的途径各自独立、各不相同，情感的沟通与交流仿佛是遥不可及的异域传说。但幸运又奇妙的是，尽管经历着这种剧变，人类所蕴含的真心却未曾消逝。直至今天，我们也没有停止追寻真善美的脚步，我们仍保有那一份未被侵蚀的纯真。在人际交往中，我们不断追求并用心地感受美好的爱。更令人欣慰的是，我们历经波澜，仍期待建立一个幸福的家庭，渴望获取温暖的爱意。

此书从心理学角度探究妈妈与子女的关系，以家庭治疗专家的视角审视治疗过程，饱含着作者对于打造积极良好家庭结构的真切关怀。阅读此书，我深切地感受到作者想要复原人之纯粹本心的辛苦努力与良苦用心，颇为感动。作者李南玉教授既是女儿的妈妈，又为妈妈的女儿，我相信这样的双重身份定会使得作者在写作此书时的心境与众不同。同时我深信，李南玉教授定会为广大读者带去无限慰藉。

此书是我们生命中不可或缺的良师益友，再次诚挚祝贺此书出版。

——李慧星（韩国咨询研究生院大学校长）

写于5月家庭月

序言

重新书写“妈妈”

“我这一辈子，好像把全部精力都用在讨厌妈妈这件事上了。听到别人说‘好想妈妈’，我一点儿都没有同感。”

“大概是因为从妈妈那里获得的爱不够吧，我总是缺乏自信，时常感到恐惧。长大之后，我甚至得了恐惧症。我很不理解，为什么会有异性喜欢我？我这个人有什么值得被欣赏的呢？时至今日，我依然确信自己永远不会幸福，虽然这令人不快。”

上面这些是一些来访者关于各自妈妈的回忆，大多是负面消极的，令人闻之心痛。通过一次次的心理咨询，我发现儿时关于母亲与子女关系的负面回忆，给来访者造成了重大创伤，这是导致来访者出现心理问题的主要原因。同时我也深切地感受到儿时形成的与妈妈的依恋关系一旦产生问题，即使是通过心理咨询进行治疗也并非易事。

我一直想深入了解来访者与其妈妈的关系，从而给黑暗中踽踽前行的来访者带去一丝光明。我也想给来访者指明一个方向，希望来访者放下不明缘由的愤怒、恐惧和绝望，不再虚度宝贵人生，努力找回自我，构建一个良好平和的人际关系。为此，我要帮助来访者重新找寻“我和妈妈”的记忆，梳理妈妈带来的伤害从何时开始、以何种姿态出现在生活中，然后，探索治愈心灵创伤的方法。只有这样，来访者才能找到和妈妈相处的恰当方式，处理好和妈妈的关系。

妈妈之所以表现得不像妈妈，一定有其苦楚。我们作为女子，只有理解了妈妈的苦楚，才能化解自身的伤痛，并从伤痛中彻底走出。我写这本书，并不是为了告诉大家“因为她是妈妈，所以要体谅她”这样的无力说教，而是想要向大家传达一些负责任的方法和有意义的心理咨询经验，借此帮助大家持续且有效地理解自己，进而改善与妈妈的关系。

妈妈是一种无条件的、特殊的存在，子女选择离开自己的妈妈并非易事。因此，不能仅从“子女与妈妈”的单一视角去审视妈妈与子女的关系，而是要以家庭为单位去探究和理解这种关系，也就是指家庭心理治疗。家庭心理治疗对很多人来说稍显陌生，它是一种围绕着建立良好的家庭关系来开展的心理治疗。在过去的30多年里，每次进行家庭心理治疗都能给我带来领悟与感动。我希望通过推介家庭心理治疗，给大家提供一种看待妈妈的新视角，为大家解答我们内心的力量从何而来，并用这种力量来挖掘个人及家庭成员中潜藏的能力。

在本书的写作过程中，我虔诚地回顾了我本人与妈妈的关系。每当我遭遇突如其来的困难不得不改变前进的方向时，每当我对现状感到不安、内心动摇时，脑海中总会回响起妈妈的教诲：“不论遇到什么事情，都要从积极的方面想办法。”妈妈常常把“过好自己的人生，多做有益于社会的事情，就是尽孝”挂在嘴边。大概是受妈妈的影响，我总认为，人活于世，一定要成为对他人有益的人。

若是深入观察那些堪称完美的人、那些令人生羡的幸福家庭，你就会发现，不论是谁都会有自己的伤痛苦楚。我是在妈妈的影响下，才开始认识并挖掘出伤痛背后的价值与力量。

我整理了 30 多年来心理咨询中听到的部分故事，呈现于本书中。其中一些故事饱含悲哀与伤痛，还有一些故事使我惊叹于人之奇妙，它们共同见证了我与来访者全力沟通、致力于心理咨询事业的风雨人生。这些直面伤痛与苦楚，鼓起勇气迈向新生活的来访者，也让我收获了新的感悟，由此得以重新书写生命的意义。

Life & Page 出版社及裴景兰[①]社长对此书的出版给予了大力帮助。出版社细致的反馈以及对所有故事的关注，终于使这本书得以顺利出版。

毫不夸张地说，我所有的专业知识都来源于彼得·西泽教授的孜孜教导，也是这些教导引领我接触到家庭心理治疗学，一步步成长为家庭治疗专家。感谢彼得·西泽教授为本书题写推荐语，这是对我莫大的鼓励。同时也衷心感谢为本书撰写推荐语的韩国咨询研究生院大学

① 译者注：Bae-Kyunglan，此处为音译。

校长李慧星教授，李教授是我非常尊敬的榜样。感谢李教授百忙之中通读全书，这使我深受感动，并鞭策我不断前行。

家庭之于我，是能够反思人生的学习园地，也是能够包容自己的安身之所。丈夫是我的忠实拥趸，女儿给我带来无限快乐，他们让我的人生充实美满，在此一并感谢。

最后要向我的妈妈表示由衷的感谢。是妈妈使我领悟到，一个人悲伤与痛苦的背后，也有属于她的独特美丽。

另外，创作这本书的过程也使我获得了成长。写此书时，我不禁回想起一个又一个在妈妈面前畏缩颤抖的来访者的面庞，回味安抚他们心灵的过程。我殷切地盼望本书能帮助他们愈合伤口，抚慰心灵，同时期待见到他们与原生母爱的重归于好。

——李南玉

写于生机勃勃的草绿时节

第一部分

关系的开始——原生母爱

遇见我
内心深处的
妈妈

人之美好

长期从事心理咨询，使我惊叹于人之奇妙。我见过痛苦不堪、满脸忧郁地首次走进咨询室的人，在咨询过程中一点点揭开内心的伤疤。当来访者试着理解自己和对方后，表情逐渐变得明朗，空洞的眼神也渐渐有了生机，眼中闪烁着充满希望的光芒。尽管揭开来访者的伤疤令人灼烧般心痛，但是每当看到来访者凭借惊人的恢复能力渡过难关，我便惊叹于人类创伤背后那坚强勇敢之美。

心理咨询是一个使人重新认识自己的过程，能使人明白世上没有绝对的施害者也没有绝对的受害者，能使人意识到自己并非无能为力而是拥有超乎想象的力量，还能使人相信通过改变想法可以使人生变得不同，从而实现与长期封锁的内心世界和解。

“原来这一切不是我的错啊。”

“原来情况是这样的啊。”

“不是因为我笨，也不是因为我令人讨厌。”……

“无须生气，无须沉浸于痛苦中无法自拔。”当一个人明白了这些道理时，便拥有了强大的自我修复能力，坚韧无比。

另外，心理咨询也是一个能使人发现自身之美以及潜力的过程。有的人伤痕累累，内心绝望，在咨询时抒尽胸中愤恨，满是伤痛笼罩的记忆使人身心残破不堪，但仔细回首往事，心头也会涌现出儿时父母对自己浓浓的爱。当来访者回忆起童年的美好时，渐渐地生出理解与宽恕，多次心理咨询后，绝望与愤恨的情绪就会出现明显的改观。

这样的案例不胜枚举。通过心理咨询，有的来访者发现了其因为长期遭受痛苦折磨而被埋没的自我价值。

当他能够全身心地去理解、感受这种自我价值时，对世界的看法也改变了。也正因如此，心理咨询给我带来了无限的感动。无数次的心理咨询经验使我认识到，心理咨询最重要的准则便是咨询师与来访者之间的相互信任。首先，咨询师必须要信任来访者。不论来访者是因何种问题前来咨询，咨询师都应相信："来访者之所以呈现这种状态，是痛苦折磨所致。只要自己深入了解后就一定能感受到来访者的美好、潜力、力量和与众不同之处。"

原生母爱为何沉重

数万次的心理咨询经验使我领悟良多。其中众多来访者因为自己的妈妈而苦不堪言，这使我开始重新审视"妈妈"这一角色。来访者的来访原因各不相同：有人因为激烈的夫妻争吵，有人因为与子女冲突不断，还有人长期有严重的自杀倾向……但究其深层原因竟都是因为妈妈。当我因咨询无法进行下去而深感郁闷时，我发现"妈妈"深藏在这纠缠不清的乱线团里。我多年来学习心理学，懂得“妈妈”这一角色在人内心中的重要性。但是无数次的心理咨询让我真正认识到，只有解决好“妈妈”这一心理问题，来访者才有可能成为一个健全的人，拥有健康幸福的人生。

每个人的内心都有一个“妈妈”的形象。当这一形象在你心中站稳脚跟，与你缔结恰当的关系时，你内心的根基才会牢固。也就是说，妈妈是所有关系的关键所在，妈妈是人的一切最基本的心理资源之源头。

一个人有了妈妈的支持，就仿佛拥有了千军万马的后援力量，不论何种情况，内心都有一种“我有爱我的妈妈！我不可能轻易倒下”的强大信念。有妈妈支持的亲子关系，未来将会成为孩子与人交往的根基，从而形成一种模式，即“储存在人类记忆里的知识”。

心理咨询过程中，妈妈这一角色的重要意义渐渐地凸显出来。一个人出生后最先与之建立信任关系的便是妈妈。那些对人际关系存有信任的来访者，也会对咨询师产生信任，抱有“这次咨询会有好结果”的积极心态，而事实上也会随之产生积极效果。反观对人际关系不信任的来访者，他们对心理咨询师抱有怀疑态度和戒备心理，不肯打开心扉，经常使得咨询无法顺利进行，以失败告终。这类来访者甚至会抱怨咨询师与其妈妈一模一样，然后愤愤离去。在依恋关系中受到严重伤害的来访者因为留下了心理创伤，所以是很难顺利地展开心理咨询的。但这正揭示了心理咨询中重新审视“妈妈”这一角色，重新整理过往回忆的重要意义。

妈妈是生命的起点

一位妈妈前来向我咨询。她认为，自己的儿子太不成熟，总是夸张地讲述不满。这个家庭中母子关系的现状是，妈妈无法理解儿子为何伤心，也无法给予儿子想要的爱。

这种状况突出表现在儿子对妈妈发火的时候，儿子想要表达自己生气的原因，妈妈却用“好了，对不起，行了吧”这样的话搪塞，使得交流中断。儿子觉得这不是他想要的结果，于是闷闷不乐，再无他话。心理学研究证明，当妈妈说出“你觉得你累，可是妈妈更累”这种毫无诚意的“道歉”时，反而会使孩子的悲伤情绪坠入深渊。

在咨询中，我发现这位妈妈从小无依无靠，完全凭借自己的力量坚强地长大成人。因此她也就完全无法理解自己的儿子为什么会这么脆弱，为什么会有那么多的不满。而这位儿子由于了解妈妈的经历，体谅妈妈的辛苦，学生时代一直听话懂事，是其他人眼中“别人家的好孩子”。然而儿子大学毕业步入社会后，多年来积压的不满情绪终于爆发，并且演变成与父母的矛盾冲突。父母的放任不管与对儿子的漠不关心，给儿子的童年造成了严重的伤害。但问题是妈妈丝毫没有意识到这一点，反而认为：“我爱我的儿子，我实在不知道他为什么总是对我们不满。”

通过几次心理咨询和分析，原因终于水落石出。这位妈妈在自己的成长过程中无依无靠，没有得到过家人的爱，因此她不知道该如何去爱自己的孩子，更不知道如何呵护和关心孩子。这种情况下，我们很有必要分析妈妈在成长过程中形成的依恋关系[①]。

① 译者注：依恋关系，心理学上的“依恋”是指在儿童和特定的人，比如父母或其他养育者之间，形成的一种正性情绪连结。婴儿时期的依恋关系模式会影响我们后半生如何与他人建立关系。

“依恋理论”是一种能够解释亲子关系的重要理论。精神分析专家及精神科医生约翰·鲍尔比教授首次提出“依恋理论”，并从生物学的角度出发将母子依恋关系的形成视为人类本能的活动。

人一出世，最先与妈妈建立关系。与妈妈的关系往往与孩子的生存息息相关，因此孩子总会先天地认为与妈妈的关系更亲近。孩子与母亲的这种依恋关系，在本质上同孩子与父亲的关系大相径庭。

每个人刚刚降临到这个世界的时候，都是无力又弱小的存在。人从呱呱坠地直到一周岁时都不会行走。在相当长的时间里，没有生存所需的技能。人就是这样一种历经漫长岁月才能独立的存在。因此，孩子出生后，为了生存与安全，便早早地与妈妈建立了关系。孩子用哭声表达自己的诉求，妈妈及时分析并给予恰当的回应。这也充分证明了依恋关系是一种出于本能的关系。在依恋关系的建立时期，倘若孩子的诉求得到了恰当且充分的满足，那么一般情况下孩子将会以积极的态度看待他人及周围环境。

在婴幼儿时期与妈妈缔结了良好的依恋关系，并得到无微不至的关怀与照顾的孩子，在成长过程中会形成安全型依恋人格。在良好的依恋关系中，作为被依恋对象的妈妈要承担起照顾孩子、及时给予孩子想要的东西、对孩子生存的一切必需品了如指掌等重任。也就是说这个时期，尽管孩子只能通过哭声向妈妈传递诉求信号，但妈妈却能及时且敏锐地觉察出孩子此时需要什么，从而做出“孩子身体不舒服”“孩子饿了”“尿不湿该换了”等一系列准确的判断。毫无疑问，爸爸也能承担这样的角色，只是普遍情况下，在孩子生存和成长的层面上，妈妈更具备在这方面本能的资源和能力。

孩子的三大依恋人格

通过啼哭充分获得自己所需之物的孩子，在这个过程中会接收到三个信号，进而形成三种模式。

首先是孩子通过放声啼哭表达自己的诉求，接收到“身边有人在帮我”的信号后，进而对他人及外部环境形成“有帮助，可依靠”的良好印象。

其次是“仅凭呱呱哭声便可让世界为我转动，我真了不起”的信号，也就是在脑海中树立起自己强大又有力量的形象。顺利接收到这种信号的孩子从小便拥有高度的自尊、自信。

最后是开始对自己与他人的关系下定义。“我们之间建立的关系真不错”“原来关系是这么舒适，这么美妙呀”“你和我能建立这么好的关系呀”——这些积极的定义就成为孩子对于依恋关系的最初印象。接收信号的这个过程也就是安全型依恋人格形成的过程。许多事例证明，拥有安全型依恋人格的孩子在成长过程中往往自尊、自信、勇往直前，无所畏惧地迎接挑战。值得注意的是，为使孩子能与其他的环境建立良好关系，父母应将孩子视为独立个体，循序渐进地使孩子自立、自强。

焦虑型依恋人格与安全型依恋人格完全不同。一般来说焦虑型依恋人格可大致分为三种情况：其一是缺乏母爱的回避型依恋；其二是由于妈妈的爱并非始终如一，导致孩子对妈妈“又爱又恨”，形成极为矛盾的抵抗型依恋；其三是由于母亲的残酷虐待导致的混乱型依恋。

回避型依恋关系中孩子，得不到妈妈的关怀与照顾，即使孩子哭得撕心裂肺，妈妈也没有任何反应；妈妈往往以不在孩子身边、自己身体不适、无法给予孩子关爱等各种借口对孩子置之不理。这种情况下长大的孩子会形成一种负面的思维模式：

“原来全世界都不帮我。”

“世上没有值得我信任的人。”

“这个世上除了我，什么也没有。”

“谁都不关心我，我只有自己照顾自己才能活下去。”

回避型依恋人格的孩子没有建立信任关系的经验，因此他们谁也不相信，干脆不与他人建立关系。他们往往怀着“我应该自己看着办，别人能为我做什么呢？什么也做不了”的想法，选择在人生路上独自前行。当这种想法根深蒂固时，他们便再也无法与他人建立信任关系，从而成为孤独的一个人。回避型依恋人格的来访者即使前来进行心理咨询，也从不言及父母的坏话。他们只会形容父母是“优秀的好人”，对其他细节却闭口不谈。

抵抗型依恋人格的孩子使人揪心。抵抗型依恋关系中妈妈的爱与关怀毫无规律，并不出现在孩子需要的时候，而是出现在妈妈愿意给予的时候。因此，孩子为了获得妈妈那不确定的爱而变得终日不安。

混乱型依恋人格的孩子多是成长过程中受到了非人的暴力、压迫等虐待，这给孩子造成严重的心理创伤，使孩子深受心理阴影的折磨。在心理咨询过程中每次遇到这样的孩子，我便万分心痛。

综上所述，我们可以得知孩子与妈妈建立的关系是孩子一生中所有关系的基础，是孩子生命中最根本的力量，是孩子长大成人建立自己的家庭且生儿育女后，在与下一代的关系中反复出现且影响极深远的一种固定模式——婴幼儿时期形成的依恋影响关系就是如此深远。心理咨询专家强调，当现在的关系遇到挑战时，不妨回顾儿时的依恋关系，从依恋关系中寻找原因，厘清恩怨，借此修复关系。

依恋类型实验

心理学领域有一项著名的依恋类型实验。玛丽·艾恩斯沃斯和同事们基于鲍尔比的依恋理论研究开展了“陌生情境”的实验。这项实验通过设定实验情境，密切观察婴儿的依恋行为，进而划分出不同的依恋类型。

实验时间为 8 分钟。实验者将 12 个月大的婴儿与他们的妈妈安排在一间小的游戏房。2 分钟后陌生人按计划进入房间，但不干涉母子的活动。片刻后妈妈独自离开，由婴儿单独与陌生人相处。2~3 分钟后，妈妈返回房间。至此，实验中出现了三种需要密切观察婴儿行为和情绪表现的情景：其一，妈妈离开房间的情景；其二，婴儿与陌生人独处的情景；其三，妈妈返回房间后的情景。

实验结果显示，不同婴儿的行为有着明显的区别。通过观察婴儿在不同情景中的行为表现，实验者将婴儿的依恋行为划分成三种依恋类型——安全型依恋、回避型依恋和抵抗型依恋。

安全型依恋的婴儿当妈妈离开房间时表现出不安，但妈妈返回后婴儿马上感到开心，且很快从不安中平静下来继续玩游戏。实验推断，这样的孩子感受到妈妈无微不至的关怀、妥善且及时的对待，这些有利于孩子形成安全型依恋人格。安全型依恋的孩子在成长过程中会逐渐形成自己是“重要的人”“被爱的人”“优秀的人”“值得信任的人”等自我认知，建立稳定信任的关系模式。

反观回避型依恋的婴儿，当妈妈离开房间时毫无反应，妈妈在身边或不在身边没有区别。妈妈不在房间时，婴儿待在角落里对游戏室的环境毫不关心，当妈妈返回房间后，婴儿表现出对妈妈的回避行为，甚至无视妈妈。孩子认为，妈妈一直缺席自己的生活，因此为了自己的生存与安全，孩子必须时刻提防周围的人与事物，自己保护自己。妈妈是孩子依恋的对象，却从不满足孩子的需求，因此回避型的孩子选择不相信任何人，对任何人都不抱有期待。这样的孩子在成长过程中，会产生“没有人爱自己”“世上没有值得信任的关系”等思维认知，从而建立负面消极的关系模式。

抵抗型依恋的婴儿在妈妈离开房间后，对房间内新奇的游戏环境丝毫不感兴趣，甚至表现出极大的愤怒、沮丧与不安。当妈妈回来时婴儿则表现出十分矛盾的行为：一方面对妈妈发火、胡搅蛮缠、抵抗接触，另一方面却又寻求接触。因为孩子在与妈妈的交往中没有得到始终如一的、充分的关爱，这就使得这类孩子形成了“他人对自己的关怀和照顾时有时无，内心不安、无法完全相信他人”的固定认知，从而建立了“与他人的关系时好时坏，不稳定、不可信”的矛盾型关系模式。

此后，艾恩斯沃斯又提出了一种新的依恋类型——混乱型依恋。混乱型依恋的婴儿表现出肩膀低垂、手放在颈后、头部深深低垂等激烈的行为反应，显示出在陌生环境下的紧张与巨大压力。混乱型依恋与回避型依恋、抵抗型依恋同属于焦虑型依恋。

这项实验还针对这些参与实验的孩子进行了学业、朋友关系、异性关系、配偶、婚姻生活、与下一代的关系等多方面的追踪调查。

调查结果显示，安全型依恋的孩子普遍都能健康成长。他们顺利地广结良友，悠闲地享受人生，他们的人生信条是：“世界以善意待我，我也回之以善意。”婚姻方面，他们会与安全型依恋人格的人走入婚姻殿堂，成为出色的配偶、优秀的父母，自然而然地也就形成了良性循环。与之相反，抵抗型依恋人格的孩子由于常以负面消极的态度看待世界，他们在成长过程中呈现出焦虑、易怒的倾向，甚至影响到婚姻生活以及与下一代的关系，堪称恶性循环。而回避型依恋的孩子则难与他人建立关系，多数人选择独自生活。

但值得注意的是，生活中存在着众多的不确定因素，因此人生并不是按照某种固定的模式进行。这启示我们，只要清楚地认识到自己的问题，并且为解决问题付出不懈的努力，我们的人生就会有所不同。

看待世界的不同目光

依恋类型不同，唤起过去记忆的方法也不尽相同，这一点很特别。

我曾经以怀孕的准妈妈们为对象，观察她们今后打算如何教育孩子，并且针对她们的过往记忆展开咨询。

首先，我拿出一些写有不同形容词的卡片，并提出这样的请求：

“请在卡片中选择5个您在回忆童年时联想到的形容词。”

准妈妈们做出选择后，我要求她们用所选择的形容词来描述自己的童年。

根据各自的经历和记忆，她们选择了“兴奋”“愉快”“烦心”“委屈”“孤单”等不同的形容词。准妈妈们用这些形容词来描述自己的童年，勾勒出往事的色彩。

有些准妈妈较多地讲述正面积极的故事，而有些准妈妈的讲述则以负面消极的故事为主。观察发现，安全型依恋的个体也并不是只拥有乐观、美好的回忆，她们在聊天中也会倾诉一些不好的回忆。这是一个极其自然的过程。同时这也说明，安全型依恋人格的个体在成长过程中也会发火，也会感到焦虑或委屈。但是仔细倾听她们所讲述的故事可以发现，安全型依恋个体的“不好的回忆”绝不是令人压抑、致郁的悲歌，而是略带搞笑色彩、令人哭笑不得的逸事。

其中一位准妈妈抱怨童年时母亲让自己跑腿的故事

就是典型的例子，这令人哭笑不得。

> “事情是这样的，有一次母亲让我跑腿去买东西，找回了一点儿零钱。母亲一开始没问零钱的事，于是我就偷偷地拿去买了零食。结果被母亲发现了。母亲让我在门前的空地上罚站，一边打我，一边喊着：‘你是不是撒谎了？我要好好地教训你！’比起挨打，我更伤心的是挨打的场面正好被从门前经过的朋友们看到了。太丢脸了，我一辈子也忘不了。”
>
> “虽然我现在能笑着讲出这个故事，但当时真的太丢脸了。偶尔我还会在母亲面前提起这件事，母亲也向我道歉了。”

这个故事中包含着两个要素——原谅和幽默。安全型依恋的人能云淡风轻地讲述曾令其伤心的故事。这表明他们足够信任对方，能大度地包容自己，善于修复关系。因此可以说，正面乐观的事物与负面消极的事物自然融为一体的关系才是真正健康的关系。

然而回避型依恋的人却从来不提及其他，只谈那些美好的回忆。

“我妈妈非常优秀。她为儿女牺牲了很多，是一位好妈妈。”

这种类型的人缺乏与妈妈在一起的经验与体会，因此她们只讲一些零星的、语言上的记忆，咨询过程中始终无法提供一些具体的印象或画面。但问题是，即使脑海里只存在美好的回忆，他们也绝不属于安全型依恋人格。这里需要区分纯语言的信息和具体的印象信息。

与上述两种类型截然相反的是抵抗型依恋。这种类型的人以讲述消极的故事为主。其中一位来访者 10 岁就去别人家做保姆，维持生计。那段记忆使她悲愤，并且给她造成了严重的伤害。时至今日，这位来访者依旧怨恨妈妈，讲起关于妈妈的负面故事滔滔不绝。她曾讲述过一个最难忘的故事。

“有一天我实在太想妈妈了，于是赶了非常远的路回家看望妈妈。我匆匆赶路时在田埂上摔倒受伤了。即使这样，我还是急切地跑回了家。结果妈妈看到我的第一眼竟然说的是：‘回来干吗？带钱了吗？’”

来访者在讲述这个故事时，泪流不止。

仔细倾听的话不难发现，抵抗型依恋的来访者只有消极的回忆。但是她们即使受伤、哀怨、心痛，却仍不离开自己的父母。明明可以“老死不相往来，各自过自己的人生”，但她们坚决不肯离开父母。这一表现说明了，尽管来访者尚未意识到，但她们在童年时一定或多或少地得到过父母温馨的爱，只是这些爱仅存在于妈妈想要关心孩子的时候、妈妈状态好的时候，在孩子幼小的心灵里，妈妈的爱是匮乏的。受此影响，母子之间已然形成了矛盾的抵抗关系。

成人依恋类型测试

长大成人后，我们是哪种依恋类型呢？下面是成人依恋类型测试，请在测试的每题之后凭第一感觉为自己打分。

1 分代表完全不符合，2 分代表较不符合，3 分代表不能确定，4 分代表较符合，5 分代表完全符合。最后请将分数合计，奇数题目得分相加后除以 28 为回避分；偶数题目得分相加后除以 18 为焦虑分。

序号	题目	完全不符合	较不符合	不能确定	较符合	完全符合
1	无论我有多么喜欢对方，我都不愿意向对方袒露心声	1	2	3	4	5
2	我担心我会被抛弃	1	2	3	4	5
3	与其他人亲密相处时，我感到非常舒适	1	2	3	4	5
4	我很担心我与其他人的关系	1	2	3	4	5
5	我发现当有人想要和我亲近时，我会不由自主地想逃避	1	2	3	4	5

续表 1

序号	题目	完全不符合	较不符合	不能确定	较符合	完全符合
6	我担心其他人不会像我关心他那样关心我	1	2	3	4	5
7	当有人希望跟我亲近时，我会感到不自在	1	2	3	4	5
8	我非常担心会失去亲近的人	1	2	3	4	5
9	我比较难以对他人敞开心扉	1	2	3	4	5
10	我常常期望对方对我的感情和我对他一样强烈	1	2	3	4	5
11	我想亲近对方，但我又总是会退缩不前	1	2	3	4	5
12	我想和对方形影不离，但这样有时会把他吓跑	1	2	3	4	5
13	其他人和我非常亲近时，我会变得敏感	1	2	3	4	5
14	我害怕一个人独处	1	2	3	4	5
15	我愿意把内心的想法和感觉告诉其他人，这会让我感到很舒服	1	2	3	4	5
16	我想和对方非常亲密的愿望，有时会把人吓跑	1	2	3	4	5

续表 2

序号	题目	完全不符合	较不符合	不能确定	较符合	完全符合
17	我试图避免与对方太过亲近	1	2	3	4	5
18	我需要一再确认对方是爱我的，这样我才感到安心	1	2	3	4	5
19	我比较容易与其他人亲近	1	2	3	4	5
20	我觉得有时别人会要求我付出更多的情感和牺牲	1	2	3	4	5
21	我难以依赖他人	1	2	3	4	5
22	我有时并不担心被抛弃	1	2	3	4	5
23	我不喜欢与其他人太过亲近	1	2	3	4	5
24	如果我得不到对方的注意和关心，我会生气	1	2	3	4	5
25	我与对方无话不谈	1	2	3	4	5
26	我发现对方并不想像我亲近他那样来亲近我	1	2	3	4	5
27	我经常和其他人讨论我所遇到的问题和担忧	1	2	3	4	5

续表 3

序号	题目	完全不符合	较不符合	不能确定	较符合	完全符合
28	如果我不和别人交流，我会感到焦虑和不安	1	2	3	4	5
29	我觉得依赖别人是很自然的事情	1	2	3	4	5
30	如果对方不能像我所希望的那样在我身边，我会感到失望	1	2	3	4	5
31	我无法向对方请求给予安慰、建议或帮助	1	2	3	4	5
32	如果在我需要帮助的时候，对方拒绝，我会感到失望	1	2	3	4	5
33	我认为在需要的时候，向别人求助，是很有用的	1	2	3	4	5
34	当有人表示对我不满时，我会觉得自己太差劲	1	2	3	4	5
35	我会在很多事情上依赖对方，比如寻求安慰和得到承诺	1	2	3	4	5
36	当对方与我分开时间较长时，我会不开心	1	2	3	4	5

请按照所得回避分、焦虑分，找到与其对应的依恋类型。

安全型依恋	回避分（奇数题）< 2.33，焦虑分（偶数题）< 2.61
抵抗型依恋	回避分 < 2.33，焦虑分 > 2.61
回避型依恋	回避分 > 2.33，焦虑分 < 2.61
混乱型依恋	回避分 > 2.33，焦虑分 > 2.61

注：成人依恋类型是通过访谈或自查等形式来测试依恋类型的，并非专业的心理疾病诊断方法。本测试仅作参考。

婴儿与父母通过交流缔结成依恋关系，这种关系不仅在婴儿的心里形成“内在工作模式”，塑造出个体对于人际关系的信念与互动模式，而且在人的一生中对个体与他人的亲密关系也造成深远的影响。

1. 安全型依恋

安全型依恋人格的人比较容易在情感上与其他人接近，总是放心地依赖他人，同时也让别人依赖自己。既不害怕独处，也不担心不被他人接受。

2. 回避型依恋

与其他人建立亲密关系会使回避型依恋人格的人感

到不舒服。回避型依恋的人不喜欢依赖别人，同时也不喜欢被别人依赖。

3. 抵抗型依恋

抵抗型依恋人格的人渴求在情感上与其他人变得亲密，但别人似乎无法满足他们的期待。此类型的人只有与某个人建立亲密关系后，才能安心。

4. 混乱型依恋

混乱型依恋人格的人无法信任其他人，难以与其他人维系关系，并且害怕受到别人的伤害。

孩子真正想要的爱

抵抗型依恋的个体会不知不觉中将这种依恋模式传给下一代。也就是说抵抗型依恋存在较大的代代相传倾向，这一点需要人们尤为注意。

我曾做过一项关于成人依恋的观察类访谈活动。访谈对象是两位妈妈，一位是安全型依恋人格，而另一位是焦虑型依恋人格，观察员对她们进行了密切观察。

不同依恋类型的两位妈妈有着许多相似之处，比如从怀孕到生产，都给予了孩子满满的爱。在孩子不满一周岁时，两位妈妈都不得不丢下年幼的孩子重返职场，妈妈们的心情也很复杂。观察员计划观察两位妈妈下班回家见到孩子时的情景。那将会是什么样子呢？让我们一起来看一下。

安全型依恋的妈妈见到孩子非常开心，孩子也激动地扑到妈妈怀里。妈妈抱着孩子玩了一会儿后，孩子挣扎着想要从妈妈怀里出来。妈妈略有伤心，但还是将孩子放开了。孩子继续开心地玩玩具。整个过程都进行得非常自然。

焦虑依恋型的妈妈下班回家见到孩子时也是非常兴奋的，亲切地抱着孩子。然而当孩子想要从妈妈怀抱里出来时，妈妈并不想放开孩子。这位妈妈对孩子说：

> “你怎么就不懂妈妈的心呢？你知道妈妈多想你吗？你不知道！你也不知道我有多爱你。”

接下来就发生了这样的状况。这位妈妈一边说：“爬一个，给大家看看，你有多棒！”一边催促自己的孩子快爬。妈妈想要向观察员展示自己的孩子比同龄孩子行动更早，但是孩子迟迟没有挪动。妈妈催促几次后，孩子还是没有反应，妈妈居然抓起孩子的双腿强行让孩子向前爬。

从这里就可以看出两位妈妈之间的巨大差异。安全型依恋的妈妈能够从孩子的角度看问题，并且能精准地满足孩子的需求。然而焦虑型依恋的妈妈则从自己的角度出发，将自己的观点强加到了孩子身上。焦虑型依恋的妈妈眼中只有自己，她重视的是“我”给予孩子爱，“我”希望孩子做什么。但需要注意的是，焦虑型依恋的父母并非不爱自己的孩子，他们只是没有认识到自己的爱存在问题。这类父母认为自己给了孩子充分的爱，殊不知这种爱并不是孩子真正想要的爱。两者相比较，我们可以得出这样的结论——所爱之人的感觉最重要，我们需要重新调整自己，从所爱之人的角度去热爱、关怀对方。

不能始终如一的爱反而会导致混乱。在父母的爱时有时无、不能始终如一的家庭环境下长大的孩子，抱怨着妈妈，却待在妈妈身边不肯离开。这类孩子希望总有一天能让妈妈满意，得到妈妈的爱，因此他们也就无法走出这种母子关系。

原生母爱与成长

孩子在享受妈妈庇护的同时，也不可避免地要受到来自妈妈的影响。一个孩子即使长大成人，甚至到了建立起自己的家庭时，依旧深受妈妈的影响。

曾有一位仪表堂堂、享有极高社会地位的男性前来做心理咨询。这位男性抱怨说，他与妻子完全无法沟通，夫妻二人总是冲突不断。

“妻子一点儿都不认可我。我这一辈子都在不停地努力，只是为了能够让妻子满意。”

这个家庭中的丈夫极度渴求得到妻子的认可，妻子却不理解他的诉求。丈夫从小有一个无能的父亲，因此他终身的目标就是成为与父亲不同的人——一个有能力的人。正因如此，丈夫最担心的便是得不到他人的认可。然而妻子无视丈夫的心理需求，不断地向丈夫施加压力，并且要求丈夫做得更多、更好。

这个家庭中的妻子在自己的成长过程中，每每需要父母帮助时，父母都没有向她伸出援手。在妻子的记忆中，自己没有得到过父母的关爱，当然也无法给予丈夫温暖的关怀。妻子常常对丈夫抱怨地说出这样的话：“你对我的要求怎么这么多？我以前一个人过得很好啊！”妻子无法给予丈夫想要的关怀，甚至还不知不觉中伤了丈夫的心。

丈夫怀着强烈的被妻子认可的需求，勤奋努力，并且坚持不懈。他挣到了很多钱，有了很高的社会地位，然而还是得不到妻子的认可。于是丈夫徒增挫败感。这也印证了心理学的规律——一个人幼年时没有从父母处获得足够的爱，长大后也会内心缺乏底气，并且不断地寻求别人的认可。这类人从来不会认为“我这样就很不错了”，而是一辈子活在别人的评价里，渴求他人对自己的认可。

在这个心理治疗案例中，丈夫属于渴求他人认可的抵抗型依恋人格，妻子则是回避型依恋人格。若想挽救二人岌岌可危的婚姻，丈夫降低自己过度的被认可需求固然必要，然而更重要的是打开妻子紧锁的内心。因此在数次的心理咨询中，我一直试图打开妻子的心扉。

> “您看起来无比坚强，然而走进您的内心，我看到了孤独和痛苦。继续深入，我又看到了您对妈妈的愤怒。”

在咨询过程中，一向冷漠的妻子听完这番话后，竟然十分激动地流下了眼泪。咨询结束后，这位妻子甚至向我哭诉道："这次咨询使得我内心十分混乱。我本来内心平静，过得好好的，为何要来咨询，让自己白白受苦呢？"我深知要想彻底解决这对夫妻之间的问题，就必须首先解开妻子内心深处关于妈妈的疙瘩，为此必须使妻子理解妈妈对子女的感情。只有这样，妻子才能真正放下内心的芥蒂，迎来明媚的春天。我十分期待见到那一天，然而很遗憾，这位妻子放弃了心理咨询。

心理咨询并不会即时见效，往往需要一段消化过程。业界有一张广泛流传的效果图表。一般来说，10～20次为一个咨询周期。最初的一两次咨询使来访者迅速地理解咨询："啊！原来心理咨询是这样的！"这也是来访者满意度最高的时候。此后的几次心理咨询逐渐地揭开来访者内心的伤疤，由此进入停滞期，心理治疗效果也跌入了谷底。一旦克服困难，渡过停滞期，来访者的内心就会逐渐回温，治疗效果也随之提高。但值得注意的是，此周期规律并非适用于所有人，只是一般的大体走向。

那么，何为"咨询停滞期"呢？"咨询停滞期"是指来访者通过咨询，使过往回避或积压在内心深处的感情涌现，使来访者感到痛苦，进而对心理咨询产生抗拒的时期。直面内心积压的情感，也就意味着要承受那些累积的伤痛。来访者在回顾人生时，难免心生委屈：“我当时多么孤独、多么痛苦啊！”“好不容易将那份感情深埋，坚强地生活，心理咨询却重新唤起了我的悲伤记忆！”来访者往往抱怨咨询影响了自己现在的正常生活。我见过许多鲜活的例子，他们想要渡过这段“停滞期”，却悲痛难忍，最终不得不放弃了心理咨询。但是也有不少人很好地渡过了“停滞期”，开启了新的人生。

在30多年的心理治疗经历中，我遇到过各行各业的来访者，其中也不乏一些有钱有势的人。然而我认为，他们尚且不是真正富有的人。真正富有的人拥有这样的妈妈——给予孩子充足且及时的爱与关怀，能够支持、鼓励孩子健康成长。

遗憾的是，并不是普天之下的妈妈都是这般，但我们却不能因此轻易地放弃自己的人生。当我们与妈妈的关系出现问题时，便需要心理咨询的介入。心理咨询就是通过咨询师与来访者的深度交流，厘清妈妈“与我不合”“给我带来伤害”的心理起源，从而发掘出一些解决矛盾冲突的有效方法，以此改变来访者的人生。

我们每个人都需要鼓起勇气，重新挖掘内心深藏的苦楚，审视痛苦背后的故事。只有这样，我们才能拥有坚韧地踏上人生新征程的无穷力量。也只有这样，我们才能与儿时曾极力想要拥抱的妈妈重逢，与现在的人生握手言和。

第二部分

重新理解妈妈与母爱

第一类：需要学会放手的妈妈

最后的疼爱是放手

一位来访者讲述了自己如何深受妈妈“折磨”的故事。这故事令我印象极为深刻，久久难忘。

> “我只要看到妈妈的来电就会精神崩溃，因为妈妈总是重复同样的话。每次接完妈妈的电话，我都会因此变得情绪失控，无法正常生活。别人的妈妈都会说：‘我过得挺好的！你们不用管我，好好照顾自己就行！’为什么我的妈妈永远不会说这样的话呢？为什么我要负责妈妈的人生呢？我到底要照顾妈妈的生活到什么时候呢？”

我们每个人心中都有理想父母的样子。儿时，理想的父母能陪伴自己，并且见证自己的成长。长大后，理想的父母支持与鼓励自己迈向独立人生。每每想念父母的时候，奔向父母总能收获暖暖的拥抱，给予自己全部的爱和无限的安全感。虽然与父母相隔甚远，却能时刻感受到心贴心的温暖。

独立并不意味着隔绝。子女与父母分开，走向独立的同时，也要维系与父母之间稳固的纽带关系。倘若父母想要通过子女来排解自己婚姻生活中的孤单、空虚和对另一半的失望，那么子女的身份将会发生错位。父母对孩子的生活、情感的尊重及认可，是孩子与父母分开、顺利走向独立的第一步。

关于如何实现精神上的独立，我们需要思考这样一个问题：

“是我接受父母，还是父母接受我？”

“接受”意味着无须理由、全身心地包容。因为是他，所以接受和理解。孩子在成长过程中只有得到父母无条件的接受与理解，才能逐渐生成独立的思想。

离开妈妈的子宫，降临到这个世界，是一个人对分离的最初体验，很多人都不记得这最初体验的滋味。然而这种分离时的感情一旦回涌至心头，与父母之间的联系或隔绝就会变得历历在目。它使人回味在父母身边的那些时光，感受那些时光给自己带来的种种影响。

人生于世，首先建立关系的就是妈妈。妈妈慈祥的注视和温暖的抚摸使孩子面对出生这第一次的分离，感受到的是满满的安全感。婴儿即使与妈妈分离，情感上却与其紧密相连。就这样，分离在我们出生之时便存在，并且跟随我们一生。这是一件极为自然的事。

年幼的孩子由于自我意识尚未完全形成，并不懂得如何与父母分离，这是情有可原的。然而一个人长大后仍然无法与父母分离便会产生严重的问题。只有明白了“父母的感情并不等同于我们的感情”，我们才能从困扰至今的感情中逃离出来，避免悲剧的产生。

人的宿命就是从一体走向分离。子女也应当遵循着这种规律，逐渐离开父母，走向独立。人只有全身心地接受这一事实，才能逐渐自然地实现这一分离过程。另外，若想内心坦然地顺利与父母分离，则需要首先同父母缔结“可分离，常牵挂”的健康关系。

未分化的爱

孩子出生后，妈妈无微不至地照顾孩子，给予孩子生存所需要的一切。就这样，孩子渐渐地开始学步，一步步地探索世界，一点点地走向独立，妈妈作为监护人保护、帮助孩子。当看着孩子一点点成熟时，妈妈不免感叹道:“啊,孩子长大了,当然会产生与我不同的想法！”同时也意识到孩子是一个与自己完全不同的独立个体。妈妈与孩子的关系应当是这样——分离又牵挂，各自装点自己的人生。

分化是莫瑞·鲍恩的家庭治疗理论的核心概念。莫瑞·鲍恩认为，情感和认知没有实现分化会导致家庭成员之间出现各种问题。那么究竟何为分化呢？分化就是孩子通过与父母，或身边有较大影响力的人进行交流，逐步形成自我意识，并且从家庭系统中分离出来的过程。

因此自我分化又指一个人的理智与情绪在心理上分离，以及将自我独立于原生家庭之外。在分化过程中，原生家庭在情感方面应该是健康幸福的，孩子与父母必须互相尊重对方的独立情感。

分化是一种个体在与他人的关系中同时体验到“亲密”和“独立”的能力。顺利自我分化的个体能在家庭中同时维持独立自主和情感连接的平衡。极度亲密和极度独立都是未分化的表现，自我分化低的人在人际交往中容易出现“纠缠”“绝交”的状态。

自我分化水平低或未分化的人几乎不能很好地识别情绪。他们在家庭关系中本应独立，但在情绪上模糊不清，在情感上相互黏附与纠缠。

未分化的父母认为，孩子不应违背自己的想法，而是认为：“我难过，孩子也必须难过”“我这么辛苦，孩子必须得理解我”“妈妈伤心的话，孩子也要一起伤心”“妈妈痛苦时，孩子必须同样痛苦”“孩子不能存在与妈妈相异的观点。”有些妈妈甚至会将自己对丈夫的仇恨强加到孩子身上：“爸爸让妈妈这么难过，这么辛苦，你怎么能喜欢爸爸呢？”一旦孩子想要拒绝妈妈的要求，妈妈就会动辄以切断经济支持相威胁，或者做出极端的断绝母子关系等行为。

未分化的父母认为，子女的成功就是自己的成功，因此他们将自己没有实现的梦想寄托于子女。还有的父母将自己想要证明的事情强加到子女身上。尽管孩子并不想那样做，但往往在妈妈的强烈愿望下无可奈何地接受这些要求。倘若孩子拒绝按照妈妈的心意做事的话，未分化的妈妈便会表现出对孩子的深深的失望，甚至恐吓、威胁孩子。

更严重的是孩子长大成人后，有些父母依旧无法放手。比如监视已婚的孩子、随时干涉孩子的生活……这类父母无法接受孩子与自己分离这一事实，不断地要求孩子重新回到自己的怀抱。

未分化的问题根源来自父母。子女难以凭借自己的力量实现分化。只有依托父母的放手与帮助，子女才能顺利地实现分化。然而问题是，有许多父母不愿放开子女的手。未分化的关系就像一颗定时炸弹，总有一天会炸响，届时父母与子女都会受伤。

愤怒的种子

妈妈执迷于控制孩子，会使孩子在不知不觉中对妈妈过度忠诚。曾经有这样一位来访者，她放弃了追求自己的生活，而是选择紧紧地跟随母亲。在咨询过程中，来访者所传递出的这种无法与母亲分离的痛苦，令我印象深刻。

一对结婚不满三年的年轻夫妇前来进行心理咨询。妻子有严重的自杀倾向，几次自杀未遂，丈夫因此十分痛苦。观察后，我发现妻子存在多种症状——抑郁、强迫、恐慌、易怒……究竟为何出现这些症状呢？我小心翼翼地询问这位来咨询的妻子。

> “我简直无法忍受我婆婆！她太令人讨厌了，没有文化，每天只知道钱、钱、钱。我真是第一次遇到这种人。为什么会让我遇见这种人呢？我一想起她就恨得牙痒痒。”

丈夫是从小到大接受精英教育的人才，洋溢着自信。妻子有着多年的海外生活经历，就职于一家跨国企业。在外人眼中，二人拥有丰富的资源，令人羡慕不已。然而妻子却患有严重的抑郁症，有过服药自杀和撞车自杀等极端行为。惊讶于婆媳矛盾竟能导致如此剧痛的同时，我接着向这位妻子了解详细情况，试图剖析导致婆媳矛盾、夫妻矛盾的根源。

妻子自白道："我好像从小就很抑郁。"

在青少年时期，这位妻子便一直饱受抑郁的困扰。可想而知，她的成长环境有多么的糟糕。然而这一切竟都是因为她的父母之间关系很差。她的妈妈未婚先孕，因此她的父母恋爱不久便匆匆结了婚。父母关系严重不和，因此也无心给予女儿充足的爱与关怀。随后出生的弟弟也是如此，从小就缺乏父母的关爱。在咨询中，我也发现，这位妻子在谈及自己父亲时尤为愤怒。原来她不仅从小被父母吵架所困扰，成长过程中更是受到了父亲的虐待和不断的刁难。最终这对父母都无法忍受对方，以离婚结束。

在离异家庭中长大的妻子遇到了现在的丈夫。恋爱时，他全身心的爱护与理解深深地吸引了她。虽然二人当时年纪较小，但是他们短暂恋爱后就迈入了婚姻的殿堂。在婚后的一段时间内，丈夫也的确同恋爱时一般爱护妻子、包容妻子，深深地爱着妻子。

然而好景不长，现在的丈夫开始变得对妻子深恶痛绝。在咨询过程中，丈夫数次说出“看见她就讨厌”“真是不想看见她”这样的话。妻子曾经以为，遇到这样事事都配合自己的丈夫，就能够摆脱父母的阴影，过上自己想要的幸福新生活。然而又有意料之外的难题横在二人面前，这一难题就是丈夫的妈妈——妻子的婆婆。

婆媳矛盾初现端倪是妻子在得知婆婆对自己很不满意之后，妻子的反应比起愤怒，更多的是寒心。另外，一向对自己言听计从的丈夫，每每在婆婆面前时便开始变得支支吾吾，令妻子十分失望。但最令妻子愤怒的当数婆婆总是挑自己的刺儿。时间久了，这一件件小事累积起来，妻子的愤怒便如同火上浇油般愈烧愈烈，变得一发不可收拾。

不堪忍受的妻子开始向丈夫不断地施加压力，要求丈夫在老婆和妈妈中做出选择，甚至以死相威胁。丈夫害怕妻子再次做出极端行为，不得不按照妻子的心意与妈妈断绝了来往。然而妻子仍不肯善罢甘休，对婆婆的愤怒之火难以熄灭，生活依旧没有改观。夫妇二人耗尽了百般力气依旧无法从不幸中走出来，婚姻生活一地鸡毛，岌岌可危。

不仅如此，妻子的怒火愈演愈烈，甚至将愤怒转移到了丈夫身上，看到丈夫，妻子便会想起婆婆的所作所为，越想越气愤。

> "我太讨厌他了，看见他就烦。我跟他说过好多次，绝对不要穿婆婆给他买的衣服！每次看见他穿那些衣服，我就能想起婆婆的嘴脸。实在是太令人讨厌了！"

丈夫在咨询室外，小心翼翼地观察着妻子的脸色。妻子在咨询过程中无数次地提及"实在是太讨厌了"这样的话。那么，究竟怎样才能平息妻子的愤怒呢？我开始与妻子进行更深入的交流。

以爱之名的“绑架”

“您为什么那么早结婚呢？”

“因为我那时太喜欢他了。”

以当今社会普遍的结婚年龄来看，这对夫妇属于早婚。听闻女儿决定结婚时，这位妻子的妈妈仿佛心头割肉般的痛苦，在他们结婚前夕，母女二人甚至抱头痛哭，不舍分离。

我有些不解，便问妻子：“是因为结婚后，会与妈妈相隔甚远吗？”

妻子答道：“不是的，婚后也住得很近。”

妻子的表述令人困惑。我决定通过“家庭系统治疗”将这一故事理顺，深入地了解这个家庭背后的故事。这里所说的“家庭系统治疗”是指来访者与其家人通过身体动作来表述家庭成员之间的关系，从而放大心理治疗效果的一种治疗模式。在这一案例中，通过家庭治疗的介入，可以从整体上得知这位妻子、她母亲，甚至她母亲的原生家庭所存在的一系列问题。

于是，在三次心理咨询后，我启动了家庭系统治疗。在这一过程中，我了解到这位妻子的母亲出生于一个物质富裕、情感却十分匮乏的家庭。她的外公外遇不断，家里天天争吵，最终外公、外婆离婚。外婆再婚后，她母亲与继父的关系不好。这时，她母亲被父亲追求，他们开始交往，一步步走入婚姻殿堂。然而父亲婚后却有数不清的外遇。

对于这位妻子的母亲而言，外遇不断的父亲加上频频出轨的丈夫，击溃了她的心理防线。然而十分讽刺的是，这样的事情看似巧合，实则有其发生的理由。那么究竟是什么原因呢？在父母离异的焦虑氛围中长大的人，假若和一个父母相爱、家庭环境温馨的人结婚，会不由自主地紧张，并且感到自卑。想要克服这种紧张感和自卑感是十分艰难的，一天、两天可以靠伪装度过，时间一长，这种感觉就变成了枷锁，久而久之，自尊心就会受到威胁，就会开始想象，假如与一个和自己有着相同处境的人交往，是不是能更坦然，更幸福呢？在这样的心理活动下，有过相似苦痛经历的人往往会走在一起。

这位妻子的父亲在婚前对母亲说着“我爱你”“我会对你不离不弃”的甜言蜜语，婚后却虐待母亲，还外遇不断。她在成长过程中默默地承受着父亲给自己带来的巨大伤害。

她母亲目睹着自己母亲的悲剧在自己身上重演——暴力的丈夫、外遇、离婚，她伤透了心。在这样的情况下，她母亲逐渐地开始将全部的生活重心转移到孩子身上，有意无意地向女儿传递这样的信息：

“他们都抛弃了我，妈妈只有你了。”

除此之外，还有这样的暗示：

“要不是因为你，妈妈也可以有不一样的人生。所以现在妈妈就靠你了。”

在她母亲的一再灌输下，自责的种子在女儿的内心中生根发芽：“都是因为要照顾我，妈妈才会变成这样。”“都是因为我，妈妈才无法摆脱不幸的生活。”

然而在这种仿佛融为一体的母女关系中，终究会出现一种极为矛盾的心理。女儿一方面认为妈妈身边只有她，十分可怜，另一方面却非常强烈地想要远离妈妈。

女儿“想逃离妈妈”，然而离开妈妈，负罪感就会涌上心头。女儿为了消解这种罪责感，只有在新缔结的关系中制造冲突矛盾，如此这般才能转移罪责感。女儿觉得，如果在新的关系中过得幸福，就是对妈妈的背叛。因为妈妈只在乎她，妈妈是因为怀了她才不得不匆匆结婚，所以不能背叛妈妈。女儿不知该如何从这样的两难局面中脱身，因此只能像无头苍蝇般横冲直撞，最后只落得满身疮痍。

与妈妈健康分化

她与丈夫的婚姻并不是一场爱的双向奔赴，而是一条能够使她逃离原生家庭的出路。然而事与愿违，即使她已经建立了自己的家庭，妈妈那极具威胁的爱仍源源不断地给她施加压力。雪上加霜的是，她与丈夫的婚后生活也并没有想象般甜蜜。她想要与丈夫开启新生活，打造幸福人生的梦想屡次泡汤。事事不如意使得妻子十分痛苦，陷入无尽的自杀冲动中。这位妻子不仅刁难自己，还向丈夫传递了这样的消极信号：

“我非常讨厌你，但是我们不能离婚。我没有其他选择，只能和你一起过下去。”

久而久之，就演变成了对丈夫的极度厌恶。

“烦！烦死了，我看见你就烦！我为了离开妈妈不得不和你在一起，但是你千万别靠近我。别惹我，让我自己一个人待着。不许靠近我，但是也不能离开我。”

深入了解后，我发现，这一切的厌恶其实都是来自她妈妈的。这种现象被称为“投射性认同”。投射性认同就是将自己的想法、观念和感情投射给他人，转嫁、推卸到对方身上。投射性认同的突出表现为，明明是自己在发火，却认为是对方在发火。在这个案例中表现为，妻子将对妈妈、对爸爸的怒火统统转嫁给丈夫，她陷在“想要从妈妈的掌控中逃离出来，却又无法逃离”的处境中，只得将这种愤怒与痛苦发泄在丈夫身上。

妻子若想从长期积压的苦痛中走出，开启新的生活，就必须直面问题，克服困难。换句话说，也就是她必须要实现与妈妈的健康分化。要想实现与妈妈的分化，她必须首先战胜自己的心理难关，意识到离开妈妈并不是不好的事情。妈妈常常哭诉的“难过”“伤心”，是妈妈的感情，并不是她自己的感情。作为孩子，无须承担妈妈的全部感情。同时她也要明白，妈妈远比自己想象的更为坚强。她必须要挣脱内心的束缚，停止对妈妈无休止的歪曲想象，放弃“妈妈离不开我。没有我的话，妈妈就会倒下，无法站起来。妈妈又辛苦又无助”这样的错误想法。

“女儿幸福就是我最大的幸福。我希望女儿能离开我，去寻找属于自己的人生。”

这是这位妻子的妈妈前来进行咨询时，对我说的第一句话。但是在咨询过程中，妈妈的话语渐渐地偏离了之前的轨道，开始变得空虚又不实在。在后面的交流中，妈妈通过家庭治疗逐渐了解了母女关系的整体构架，发现了自己对女儿过于控制这一事实，下定决心要改变这种扭曲的关系。

通过家庭系统治疗，这对夫妻的矛盾首先得到了缓解。这是因为夫妻矛盾的根源——妻子与她妈妈的矛盾得到了化解。妈妈将内心积压的感情排解后，终于开始体谅女儿——那个小小年纪、无助的女儿，那个在父母争吵中瑟瑟发抖、担惊受怕的女儿。

> “女儿，妈妈对不起你！我又漂亮又可爱的女儿啊，妈妈却只在乎自己的伤痛，缺少了对你的关心。这么多年忽视了你的想法，忽视了你的痛苦，妈妈对不起你。”

就这样，妈妈和女儿终于打开了心扉，相互理解对方，母女的内心也因此得到了治愈。这也正是家庭系统治疗的魅力所在。

妈妈自己的人生

有一位来访者，初次见面便给我留下了极为深刻的印象。这位女士所提出的诉求亟待解决，甚至可以说这位女士的生活处境十分危险。不仅如此，这位女士身边的人也不幸被卷入这场旋涡之中。

通过几次咨询我得知，这位女士有两个亟待解决的问题：一是她想要控制丈夫生活的欲望，二是她虐待自己的强迫症。在整个咨询过程中，我一直致力于打开来访者心中那扇名为“接纳”的大门。我知道只有来访者开始“接纳”，这一切问题才能迎刃而解。我对她说：

> “并不是非要我们做什么，与妈妈的关系才能维持下去。妈妈的爱从来都不是有条件的爱，我们只需要接受它就好。你不用对妈妈抱有愧疚之心。”

她曾经耗尽了全身力气把自己和妈妈的关系捆绑在一起，结果却适得其反，把生活搞得一团糟。通过心理咨询，来访者才明白了良性的关系需要放手，需要顺其自然。

来访者在咨询过程中渐渐地发现了自己对妈妈的真实感情，明确了“十分想要离开妈妈”的内心想法。当她明确了这一点后，下一步便开始采取行动，实现与妈妈的情感分离。

“原来这些是妈妈的情感啊。妈妈一定很累。但这是妈妈的人生。我要过属于我自己的人生。”

理解了这些后，妈妈的人生与“我”的人生便开始走向分离，此时还需要进行两项训练：

其一是尝试着理解妈妈。妈妈之所以成为这样，是因为妈妈没有遇到良好的榜样，没有人曾在妈妈想要摆脱不幸的生活时伸出援手。回首妈妈的人生，便可以理解妈妈。

其二则是需要妈妈以身作则。妈妈首先要去理解上一代人的难处，解开自己的心结，从而将这些抚慰人心的故事传递给自己的女儿。

“女儿，妈妈对不起你。妈妈给了你这么多的压力，对不起。妈妈没事。从现在开始，你就去过属于自己的生活吧。”

上述是理想中妈妈劝慰女儿的话。倘若妈妈不能如此安慰女儿，女儿的心绪终将层层堆积，心门终将缓缓关闭。此时也可以寻求心理咨询师的介入。比起自己安慰自己，通过心理咨询中某个人扮演妈妈的角色来说出这些话，更能充分地起到抚慰人心的作用。

残酷的现实是，积攒至今的伤害和痛苦已经无法挽回。在这些伤害中缔结的不平衡关系也成为一个个不可抗拒的难题。即使存在这些无法挽回的问题，我们也不能因此而甘受折磨。我们能做的是，认清问题后仍努力接纳满身疮痍的自己，重新整理失衡的关系。在这个案例中，来访者只有脱离妈妈，实现独立，才能使母女关系重回正轨，夫妻关系也才能渐渐地找回平衡。

女儿现在需要做的是，坦然地表达自己与妈妈不同的要求，大胆地说出与妈妈相反的意见；明确自己是与妈妈完全不同的存在；自己可以怀揣着与妈妈不一样的梦想；倾听自己想要听到的声音。女儿要意识到，这一切都不是对妈妈的背叛。

曾经有一位与离异妈妈一起生活的中年女性前来进行咨询。这位来访者一直没有结婚，将生活的全部重心放在照顾妈妈这一件事情上。前来咨询的问题是折磨来访者许久的失眠症。十多年以来，来访者试过吃处方药、大量运动等各种方法，失眠仍旧如影随形，一直困扰着她。

来访者在咨询过程中一直强调，自己除失眠外没有其他困扰。然而在谈话中我敏锐地发现：多年来，来访者为照料妈妈而将自己的生活与妈妈的生活紧紧地捆绑在了一起，并且逐渐地产生了心病。来访者的妈妈因不堪忍受丈夫的数次外遇选择离婚，弟弟妹妹早早结婚，离开了原生家庭。来访者为妈妈的人生而感到悲哀，于是半辈子守在妈妈身边不肯离开。久而久之，来访者不知道自己的想法是什么、自己的需求为何物。她在所有生活中甚至认为顾及自己的心情是一件很自私的事情。她对妈妈怀有深深的愧疚与自责。

来访者的内心需求被长期压抑，病由此而生。“表达自己的诉求，满足自己的渴望”，这是一个人正常的思维。“自私”只不过是在病态思维下给自己下的错误定义。妈妈的生活固然辛苦，但那不是儿女必须解决的问题。妈妈的人生辛苦也好，无助也罢，那些都只是妈妈自己需要解决的难题。妈妈在生活中也面临过万般选择，正是曾经的选择造就了妈妈现在的生活，今后的选择又将重新塑造不一样的人生。子女又何尝能够替妈妈做出选择呢？又何苦因为妈妈的选择责怪自己呢？妈妈只有做好自己的选择，过好自己的人生，才能成为最坚强、最有力量的妈妈。

妈妈和孩子曾经共用一个身体，直到生产将二人分开，这是人生中关于分离的最初体验，同时这也是上天赋予人类最恰当的分离范式。而直立行走使人能够一步一步迈向自己的人生，这是教人一步一步探索世界的另一范式。在这勇敢探索世界的脚印中，在妈妈子宫内的连接里，我们的行动、我们的身体在不断地提醒着妈妈存在的理由。

第二类：家庭关系中错误定位“爸爸”的妈妈

家庭中的三角关系

“我曾经觉得爸爸不是人，恨透了他。”

一位女性前来接受心理咨询时，十分平静地说出了这样的话。我虽然深谙来访者都或多或少地有着令人悲伤的故事，但是看到她那黯淡无光的眼神，让我仍尤为揪心。来访者接着说道：“如今的自己并不理解小时候为什么要那么恨父亲，现在想想那段时光，真是后悔。”

研究表明，家庭中的三角关系往往成为妈妈与孩子产生矛盾冲突的导火索。妈妈与孩子的相处时间更长，且往往担负着比爸爸更多的养育责任。正因如此，妈妈与孩子形成的关系是二人关系，而爸爸与孩子之间的关系却是由孩子、妈妈、爸爸共同组成的三角关系。妈妈同时存在于这两种关系中，则不可避免地发挥着重大影响，其想法或意愿甚至可以直接影响到爸爸和孩子的关系。

想通过孩子或其他第三个人的参与来稳定夫妻关系的类型，鲍恩称之为情感三角关系。情感三角关系是一种不幸的家庭关系。焦虑是构成三角关系的主要诱因。人们的内心愈焦虑，愈想要通过三角关系来解决问题。在这种心理下，内心未分化的父母们则想借助与孩子构成的三角关系来缓解他们未分化造成的焦虑与痛苦。三角关系中往往存在着一种共同现象——妈妈与孩子缔结难舍难分的共生关系，并将夫妻由于未分化导致的问题转嫁到孩子身上，以致造成了两代人一起痛苦的结局。

爸爸与孩子的关系中离不开妈妈的存在，甚至可以说妈妈对父子关系有着举足轻重的地位。当妈妈对丈夫有怨言、感到不满意时，常常要求孩子与自己站在同一战线，不断地向孩子抱怨丈夫，倾吐对丈夫的不满。这样一来，孩子自然而然地就开始怨恨爸爸，并且渐渐疏远爸爸。另外，妈妈还会向子女灌输这样的思想：“我现在就是为你们而活。要不是你们，我早就不活了。”这样的妈妈将生活重心全部放在了孩子身上，过度地依赖孩子，同时企望孩子能够为妈妈的人生负责。

夫妻感情破裂导致家庭分崩离析之时，孩子极有可能产生严重的心理问题。孩子是夫妻矛盾最大的受害者。长期与妈妈站在同一战线的孩子，很少为自己考虑，因此也就很难拥有自己的想法，在面对爸爸时，难以摘下妈妈赋予的“有色眼镜”，对爸爸没有深厚的感情。这也是因为在妈妈的长期灌输下，孩子无条件地感知到了妈妈的感受，对妈妈有着绝对的忠诚。然而现实是，妈妈与孩子都是各自独立的个体。一个男人或许不是好丈夫，但有可能是好父亲，妈妈不应以自己对丈夫的感情来同化孩子对爸爸的感情。许多父母还意识不到，将孩子卷入不幸的夫妻关系的旋涡中将会给孩子造成多么大的创伤。

当情感三角关系反复作用于孩子时，孩子的心病由此而生。人类最基本的欲求之一便是得到他人对自己情感的认可和接纳。从小时候开始，听着妈妈的抱怨与哭诉长大的孩子，在不知不觉中就会逐渐忽视自己的需求。“妈妈想要什么？”“妈妈希望我做什么？”诸如此类，孩子将全部身心集中于他人的欲求。这样的孩子在成长过程中，逐渐养成了“只有满足了他人的欲求，我才能活下去”的生存观念。一个人的愿望、心声与诉求倘若长久得不到满足，就会产生不健康甚至病态的心理。一旦卷入情感三角关系，子女便不再是子女，而是作为夫妻矛盾的一环，长期处于焦虑与不安中。

痛苦的孩子们

一位妈妈带着一对成年的儿女，走进我的咨询室。咨询刚刚开始，妈妈便滔滔不绝地讲起自己痛苦的故事。

> “我丈夫控制不好自己的情绪，有时候像个恶魔，十分恐怖。他一辈子以自我为中心，从不客观地看待自己。他没有什么本事，还总是赌博。他自己闯了祸，还得让别人替他收拾。”

这位妈妈讲述的一个个故事，全部是关于自己丈夫的，她对丈夫的不满可见一斑。不出所料，在孩子们的心目中，爸爸对家庭毫不关心，连给家里的生活费都时有时无，而妈妈为这个家操劳了半辈子，十分令人心疼。

回溯过往不难发现，爸爸仿佛灰色人一般与整个家庭格格不入。据妈妈描述，她丈夫在公司上班，却不给家里提供日常开支的所需费用，而是她一个人以顽强的生活能力支撑着整个家庭。现在儿女都已长大成人，妈妈仍旧在生活的最前线奋力拼搏，尽全力照顾所有家人。这位妈妈认为，这一切都是自己应该做的，是自己的分内之事，同时也就是在这种过度的责任感支配下，妈妈点燃了自己，照亮着家人。

通过进一步的心理咨询，我了解到来访者的丈夫出生于一个有 8 个孩子的大家庭，他是家中最小的孩子。这样的大家庭导致这位丈夫在原生家庭中得不到足够的关注，缺乏存在感。原生家庭的情感缺失使他极度渴望得到认可，得到关注，然而婚后自己的家庭也不尽如人意。妻子对婆家人和丈夫的无视和漠不关心，是让丈夫最为不满的地方。因为诸如此类的原因，夫妻二人婚后矛盾冲突不断，争吵不休。

回想起自己辛苦操劳、承担了太多家庭责任的过往岁月，妻子为此感到万分委屈。咨询过程中，妻子滔滔不绝地控诉着丈夫的“恶行”。讲到动情处，妻子情绪十分激动，愤怒与不满之情在心间翻涌，我始终用心倾听。在妻子结束控诉后，我才缓缓地问她：

“您是考虑要和丈夫离婚吗？”

“唉，我理解他，他就是那样的人。为了孩子们，我还可以忍受。”

妻子的回答令我十分意外，咨询室内一度沉寂。两个孩子闻言虽然默不作声，我却在他们的脸上看到了愤怒，而且夹杂着自责与无力。

妻子一面不断控诉丈夫的缺点和坏毛病，一面又着急地解释道：“自己丝毫未受到丈夫这些自私行为的影响，自己过得还行。”“丈夫的毛病太糟糕了！但是我没事，我还好。”妻子反复提及这样前后矛盾的话语，使得深度咨询难以进行。

妈妈反反复复地向儿女诉说自己的辛劳与苦难，却又十分矛盾地表示这些事情对自己而言都不成问题，生活还过得去。矛盾的故事翻来覆去，孩子们渐渐地产生了这样的想法："可怜的妈妈啊，要是没有我，谁会听妈妈说这些事呢。"孩子们怀着对妈妈的怜悯之情，不得不倾听妈妈的诉说。直到后来孩子们清楚地表示了自己的意愿——他们想要从根本上解决问题，让妈妈不再受苦。

妈妈带来的悲伤

妈妈表示不愿离婚，仍旧坚持自己矛盾的想法。她说："就是为了孩子们，我也不能离婚。我能忍得了。"眼看咨询无法进展下去，孩子们的愤怒终于如火山般迸发出来。

"妈妈，这样下去不行！再这样下去，我没法活了。"

“我们从小就希望妈妈和爸爸离婚。真的！我们真的想让妈妈离婚！妈妈生活得这么不幸福，为什么还要忍下去呢？为什么要说是为了我们忍下去呢？”

儿子从一开始就表达了自己的愤怒之情。与之相反，咨询中一向沉默寡言、有气无力的女儿终究抑制不住内心的愤怒，呐喊出来：

“烦死了！我快疯了。”

女儿头脑聪明，考入大学，并获得了全额奖学金。然而心理问题始终折磨着她，后来她不得不中断学业，依赖精神药物平静情绪，生活十分痛苦。儿女们甚至向妈妈提过，倘若妈妈不离婚他们就离家出走，然而最后也不了了之。

对于兄妹二人而言，爸爸是恶魔，妈妈是可怜之人。可怜的妈妈一辈子都在抱怨他们爸爸这里不好那里太差，却又说着自己没事，要和爸爸这样的恶魔度过余生。兄妹二人怎么也无法接受爸爸妈妈继续生活在一起，不断地提出希望妈妈与爸爸离婚的想法。女儿的反抗更甚，起初是叹息，再是愤怒，最后则演变成了不断地号啕痛哭。毫不夸张地说，孩子们对爸爸已然产生了极端的敌对情感，这种敌对之情毋庸置疑是由妈妈造成的。

孩子们难以厘清混乱的思绪、平复内心的波澜，他们将内心郁结的疙瘩化作怒吼，化作哀号……

> “我也不知道为什么，心里堵得慌。我为什么这么无能为力、无可奈何呢？为什么这么心累呢？是因为我很软弱吗？我以前一直觉得，因为爸爸是恶魔，我才会这样。我为什么会有这样的爸爸呢？我一直恨爸爸，恨到想杀了他。”

兄妹二人初次来到咨询室时，浑然不知自己的痛苦由何而生。随着心理咨询的逐渐深入，兄妹二人渐渐地意识到，对爸爸的愤怒并不是造成自己痛苦的根源，而真正的痛苦来自那些无可奈何又不得不接受的属于妈妈的情感。那些曾经想要放弃生命的瞬间，那濒临崩溃的内心深处，竟然都藏着本应属于妈妈的情感。

孩子们与爸爸同处一家，却从小就不肯与爸爸亲近。诚然，在孩子们的成长过程中也一定有过不少需要爸爸的时刻，但是只要一想到那可怜的妈妈，他们便从内心深处开始远离爸爸。

在这个心理咨询案例中，妈妈满身疮痍，却又以自己的方式伤害着家人。通过三角关系，妈妈将自己对丈夫的不满转嫁到了孩子身上，使孩子由此而怨恨爸爸，并且疏远爸爸。毋庸置疑，这位妈妈爱着自己的孩子，却也用错误的方式束缚着孩子，时至今日，她也没有明白自己给一双儿女带去了多么大的痛苦。

勇敢蜕变的妈妈

本案例中的妈妈明知存在问题，却又声称没有问题，呈现出了典型的矛盾型情感。可是，这种矛盾情感是从何而来呢？

经过几次心理咨询后，我发现这位妈妈的父亲极为重男轻女，平时只对儿子好，甚至将全部财产留给了儿子。不仅如此，她父亲还赌博，挥霍钱财，在家里没有尽到照顾家人的责任，在外面却是公认的“老好人”。她一直得不到父亲的认可，对父亲满是怨恨。然而父亲却在年老后认可了她。

> “万幸这个家里有你。不管发生什么事，有你在，我很放心。”

在重男轻女的父亲面前，女儿本没有任何存在感，以至于女儿从小就扮演一种“麻烦解决者”的角色，似乎只有帮家人善后，解决掉所有的麻烦，才能得到家人的认可，获得一丝的存在感。女儿似乎也是通过承担起家里的所有事情，方才一点点地建立起自尊。

渴求得到他人认可的她，遇到了同样盼望被他人认可的丈夫，过于相似的二人婚后矛盾冲突不断。

这位女士在以前很长的一段时间里，坚定地认为丈夫是错误的一方，而自己一直以来都是对的，甚至她此次前来进行心理咨询，也是为了证明自己是正确的。结果随着咨询的进行，孩子们积压已久的愤怒终于爆发，这位女士因此受到打击，很是惊慌。

> “但是，孩子们，妈妈真的没事。”
>
> “妈妈，够了，别再这样说了。求求您了！”

在30多年的心理咨询经历中，我遇到过许多这样的家庭。父母把孩子“打造”成了夫妻矛盾的替罪羊，给孩子造成了无限的痛苦却浑然不知，孩子们活在父母发火、暴怒的阴影下，然而父母往往由于自己的感情太过强烈，而忽视了孩子的存在。

一位来访者曾讲述了这样一个故事。小时候他的爸爸妈妈总是十分激烈地争吵，年幼的他不知该如何是好，只得躲回房间默默地玩游戏，结果妈妈冲到房间，将他一顿数落：

> “妈妈和爸爸在吵架，你居然在这里玩游戏？你没看见你爸爸是怎么对我的吗？你这样做还配当我的孩子吗？”

如今数十年的时光已经悄然流逝，来访者却始终饱含自责，内心背负着沉重的包袱：“当时，我为什么不去阻止爸爸妈妈吵架呢？为什么要一个人躲在房间玩游戏呢？”孩子本是最天真无邪，也是最无能为力的弱小存在，父母却常常漫不经心地向孩子们施加这种暴力。父母还不以为然，意识不到自己正在伤害孩子。

“我做得很好，我已经尽全力了。”妈妈一直以来就是靠着这些自我安慰支撑着。然而一旦发现自己做得并不好，伤害了自己深爱的孩子，妈妈就难以接受，内心既矛盾又痛苦。目光回转，妈妈终于看到了苦苦挣扎的孩子们。两个孩子来访时状态十分不好，倘若再放任不管，极有可能出现精神异常的症状。万幸的是，通过数次的心理咨询，孩子们的人生画卷已被徐徐展开。我期待着孩子们去勾勒属于自己的美丽人生。

只要明晰了郁结所在，那么我们就有改变人生的无限可能。枯萎的枝丫吸收到充足的阳光和水分，仍能不断地绽放新芽。人生道路虽然布满荆棘，但是，只要我们鼓起勇气，面对现实，勇敢地解决问题，仍能踏上新的征程。趁一切还不算太晚，行动起来吧！

在这个案例中，我制定的解决方案就是让妈妈做出改变。妈妈需要接受情感未分化的自己，并且要清楚地认识到这样的自己对现在的家庭和孩子造成了何种影响。

阻挡不幸的代代相传

当孩子无法忍受家庭三角关系的折磨时，如果选择与妈妈断绝往来的话，就能脱离不幸，重获幸福吗？答案也许是否定的。因为在“不幸”的家庭中长大的孩子即使结婚后建立了自己的家庭，也极有可能沉浸在深深的罪责感中。孩子与父母之间唯有真正实现“各自独立又相互关心”的亲子模式，才能自然而然地阻挡家庭的不幸代代相传。

在成长过程中，孩子倘若缺乏来自父母的心理支持，将会不自觉地丧失情感资源。而且，情感资源的缺失，必然将会对孩子的生活产生深远的影响，尤其是婚姻生活。缺少父母心理支持的妻子，往往会对丈夫的一言一行过度敏感，更易感到悲伤或愤怒。“他怎么能这样对我？他肯定是无视我。”诸如此类，妻子下意识地将压抑良久的对父母的愤怒发泄到丈夫身上，不知不觉中将父母对自己做过的事、说过的话转嫁给丈夫。久而久之，夫妻矛盾就会日益凸显。

我们一起来看一位来访者的案例。这位女士在与父母共同生活时，没有从父母处获得任何帮助，她仅是凭借自己的力量艰难地度过了婚前岁月。而且，她婚后一直在为家庭付出。然后她却在丈夫身上看到了自己最讨厌的父亲的影子。深度剖析来访者的故事，或许才能明晰为何家庭的不幸往往会形成恶性循环。原生家庭的痛苦使得来访者的择偶标准很明确——选择与父亲完全不同的男人。起初，现在的丈夫似乎恰好是自己的理想型——丈夫踏实本分，从不赌博；是家中的老小，没有大男子主义；毕业于名牌大学，在一家大企业工作；为人诚实正直，有能力。然而有一天妻子却发现，丈夫居然有和自己父亲相同的缺点。妻子开始变得十分绝望，近乎疯狂。“我那么努力地想要避开父亲那样的男人，结果你居然和我的父亲一样！”深受刺激的妻子无心顾及其他，心中满是对丈夫的厌恶。妻子在心中已然默默地将丈夫想象成与父亲一模一样的人，进而借着对丈夫的怨言与愤怒发泄内心深藏的对父亲的怨恨和厌恶。渐渐地，妻子的情绪得以发泄，对父亲的愤怒日益消减，甚至已经开始理解父亲了。就这样，妻子与父亲、与原生家庭实现了和解。但是值得注意的是，这样的和解呈现出了一种扭曲的形态，使得丈夫成为和解过程中的牺牲品。因此，这全然不是解决问题的正确方法。家庭心理学的理论与方法能够使这种扭曲形态凸显出来，借此找到问题所在，从而解决问题。

在上述案例中，倘若没有寻求心理咨询师的帮助，来访者的孩子们也许会与母亲一样，走上寻找“与父亲不同的伴侣”之路。这样的模式周而复始，就会形成恶性循环，更严重的是这样的恶性循环影响极为深远。因此，我们必须积极地探寻解决问题的方法，阻止家庭的不幸代代相传。

我曾经做过一项调查研究。在研究期间，我向众人提问：“怎样做才能幸福呢？”

研究发现，面对同一问题，幸福指数高的人普遍思考“使人感到幸福的行为”，喜欢寻找生活中无处不在的微小幸福，采取一种积极的“发现幸福模式”。而幸福指数较低的人则大多考虑“避开不幸福的方法”，陷入“回避模式”中难以自拔。

“出来散步，真开心啊。”

“孩子笑了，好欣慰呀。”

“打开窗户，微风习习，心情真愉快啊。”

“咖啡香气扑面而来，真令人神清气爽呀。”

“午饭吃得很满足，真幸福啊。”……

遭遇过许多不幸的人则往往会不自觉地启动“回避不幸模式”。

“要是丈夫不喝酒，我就开心了。”

“要是丈夫不大吼大叫，我就心满意足了。”

“家里要是不这么乱，我应该能幸福些。”……

“发现幸福模式”的人更多地去寻找生活中的一些小确幸，因此更易获得幸福感。当他们心中想要寻找幸福时，就会发现身边处处是幸福。“回避不幸模式”的人常常只考虑那些不喜欢的、想逃避的事情。当他们满心想要回避不幸时，所发现的就只能是负面的逃避方法——曾经因为父亲喝酒而感到不幸福，所以丈夫千万不要喝酒；曾经因为有人吸烟感到不幸福，所以身边的人绝对不许抽烟；曾经因为迟到有过不愉快的经历，所以其他人万万不可以迟到……然而问题是，一旦极力想要逃避的事情再次发生，“回避不幸模式”的人便会陷入极度的愤怒与绝望中，甚至因此难以走出痛苦的阴影。“为什么丈夫也喝酒？”“为什么丈夫和父亲一样？”“为什么这种事只发生在我身上？”“回避不幸模式”的人本来是极力想要回避不幸，却因此陷入更深的不幸的旋涡。心理学研究表明，实现观念和思想的转变才是避免家庭不幸代代延续的方法。

摆正爸爸的位置

回到刚才的案例中，妈妈切不可采取与孩子断绝关系抑或紧紧地捆绑孩子等极端手段，而是应该尝试着从现在开始放开孩子的手，并与孩子建立良好的关系，帮助孩子拥抱健康美丽的人生。作为孩子，则应该去发现那些深藏在爸爸妈妈内心的情感。“原来是这样啊，原来我所知道的并不是事情的全部啊。”当重新理解父母那些深藏的情感时，就能与折磨着自己的伤痛握手言和。

当儿女放下妈妈灌输给自己的执念，从自己的角度出发看问题时，就会发现爸爸的形象开始改变，曾经被儿女视为恶魔，不肯与之亲近的爸爸，渐渐地在儿女心中有了一席之地。

> “原来爸爸也并不全是妈妈所说的那样啊。”
>
> “原来我以为的爱和爸爸以为的爱不是一种形式啊。”
>
> “原来爸爸在家中的处境竟然是这么糟糕啊。”

在这样的惊奇发现下，孩子一点点地逐渐找回了对爸爸的感情，也渐渐地形成了自尊、自信的人格。这些令人喜悦的改变，将会对其今后与配偶的关系、与子女的关系产生深远的影响。

在家庭关系中，伤痕累累的人由于内心缺乏爱与被爱的底气，所以对他人的一言一行十分敏感，即使是对方无心的一句话，他们也会认为对方在无视自己，进而衍生出愤怒之情。“他居然对我说出这样的话，怎么能对我说这种话呢？”出于自我防御的偏激心理，他们往往会选择用更严重、更伤人的话进行反击，给对方带去同样的伤害。与之相反，那些底气充足、敢爱、敢接受爱的人，在遇到相同情况时，绝不会轻易地将对方的话视为对自己的怠慢，他们会首先考虑“他有可能今天心情不太好，说出这样的话也是情有可原”，而不会轻易地曲解他人的意思。这样的人知情理、懂进退，内心充满了自信，待人处事大方和气。

那么如何才能使孩子们贫瘠的内心再度丰盈呢？最为紧要的是妈妈的努力。妈妈需要首先认识到原生家庭给自己带来的心理问题，进而发现自己的问题给现在的家庭带来了何其严重的伤害，还需要与孩子们建立一种良好的沟通，并真心地向孩子们道歉。

"妈妈太辛苦了。爸爸不关心妈妈，所以妈妈一直很讨厌他。但是爸爸妈妈的矛盾是我们两人之间的问题，不应该把你们牵扯进来的。孩子们，这么多年来，妈妈让你们受苦了。希望你们今后再也不要受到伤害，开开心心地生活。妈妈对不起你们，真的对不起。"

上面是妈妈向孩子道歉的理想范式，然而现实却不尽如人意。在现实中，当孩子在懂事后向妈妈发问："妈妈，当时您为什么那样对我？"妈妈们几乎普遍回答说："唉，那时我太累了！"然后全然不顾及孩子的情绪，继续诉说着自己的不幸。妈妈活在自己的世界里，根本不顾及孩子的内心感受，孩子因此再次受到了伤害——不幸的故事开始反复循环。

当妈妈意识到自己的问题，并且想要向孩子道歉时，首先需要做的便是放下自己的辩解，从孩子的角度来考虑问题。孩子同样也要做出一些努力，一点点地建立自尊，使自己的内心变得充实起来，只有如此才能逐渐获得他人的尊重。

内心的力量

我们不应该默默地接受命运，而是应该去努力打造自己的命运。在我 30 多年的心理咨询经历中，有一类来访者最让人惋惜，他们深深地陷在“命运论”中，认为自己是无能为力的人。那些对“命运论”深信不疑的人，受潜意识支配将自己人生之门的钥匙交到了他人手中，然后默默地接受“命运”的指引和安排，实则放弃了自己的人生主导权。

不幸的代代相传也是如此。那些坚信“命运论”的人认为：“不幸的命运是会代代相传的，我什么也做不了，只能接受。”但事实是，不幸的命运看似相传，实则都是由自己所做出的每一个选择来决定的。倘若你不从自己的身上找原因，则无法发生改变，难以摆脱不幸的命运。

有一位来访者深受家人的伤害，前来进行心理咨询。然而，在咨询过程中我发现，每当有不幸的事情发生时，来访者便会自动地认定这些都是父母的错误导致。“我的自尊心不强才会这样。”“因为没有得到父母的爱才会这样。”每每遇到问题，来访者都是同样的说辞。真正解决问题的方法是，以崭新的视角看待问题，然后找到问题背后的根本原因，只有这样才能阻挡不幸的重复。

我还曾遇到过一位女性，与其形容她爱憎分明，倒不如称之为十分极端。她对别人、对自己的评价都甚是极端。

“我什么都不会做。”

“我太讨厌自己了。”

那些具有极端人格的人，一方面是缺少自尊，很不自信；另一方面却时常认为：“我太优秀了！”“我这么优秀，居然敢不喜欢我？”他们极为在意别人的目光和评价，浑身棱角地进行自我防御和自我保护。这种极端的自我认识会影响与他人的关系。当与极端人格的人相处时，人们既不敢轻易地接近，也不敢贸然地疏远，十分困惑。这种矛盾一旦得不到化解，具有极端人格的人与相爱之人的关系就会因此受挫。每当此时，来访者就开始自怨自艾地说：“我就不应该被生下来。我生下来就是个错误。我的人生没有一点希望。”

来访者为什么会出现这样的矛盾心理呢？在几次咨询后我发现，来访者害怕受到伤害，因此他不对任何人抱有期待。当他没能与他人建立良好关系时，总会过度放大自身的原因。与此同时，来访者内心深处“想要获得爱”的强烈需求又在无形中呐喊。面对拥有这种矛盾心理的来访者，我总是反复地强调：生活并不是一成不变的，改变命运的力量就掌握在我们自己手中。

来访者多年来一直认为自己是“意料之外的孩子，父母不想要的孩子”，内心痛苦不堪。时至今日，他才了解到父母当年不顾双方家人的强烈反对，执意生下了自己，自己是父母爱情的结晶。妈妈当时年纪甚小，但是依然坚强地守护着自己。为了让自己过上好生活，妈妈白手起家成就了一番事业……这么多年后，来访者终于得知自己竟然是如此珍贵的存在，得以重新书写过往的记忆。

在心理咨询过程中，来访者更是重新拾起与父母在一起的记忆，那些被爱的记忆一点一点地浮现在脑海里，温暖的画面涌上心间。在爱与被爱中，来访者如获新生。

与此同时，这些美好的回忆在心灵深处扎根。“我是被父母爱着的人！”来访者借此形成了积极的自我认知，开始以乐观的态度来看待世界。当来访者以一种崭新的视角看待过去的点点滴滴时，表情也开始变得明朗，内心重获了自由。

“我好像有了力量，能够积极地看待自己了。对待别人的伤害，我好像也没有那么敏感了。”

心理治疗就是揭开长久以来的伤疤，在回忆里找到那些美好的点滴，收获新的发现。这也正是一段治愈旅程的良好开始。当这种美好的情感反复出现时，大脑就会促进分泌积极的荷尔蒙。人的内心就是这般强大，内心的力量是一种微妙又强大的恢复之力。当我们反复地回想记忆中最渴望的美好点滴时，那么，每个人都能遇见崭新的自己，开启幸福人生。

第三类：
不管不顾、不会爱的妈妈

我最恨的是妈妈

曾经有一位来访者，对自己的妈妈恨之入骨，一进咨询室就向我抱怨自己的妈妈。这位来访者有靠谱的丈夫、聪明的儿子、支持自己的公婆以及慈祥的爸爸，但却因妈妈而痛苦不已。毫不夸张地说，来访者发疯般地痛恨自己的妈妈。

通过几次心理咨询我得知，这位来访者从小便过着令人羡慕的生活。她的家人都喜欢并且善于钻研学问，知识底蕴深厚，而且她自己也是一家研究机构的负责人。她妈妈是20世纪60年代的精英，毕业于名牌大学。然而，拥有优秀履历的妈妈在来访者口中却是一个自私自利、对家庭毫无贡献、只做对自己有利之事的人。

来访者终日奔波于各种学术会议以及研究活动，忙得不可开交。即使这样，她仍然认为，照顾父母是自己的职责，并且一直和父母生活在一起，照顾他们。当来访者看到妈妈一把年纪了，每天都出门，而且不顾家时，她终于忍不住爆发了出来。

> “你知道我有多忙吗？我每天除了工作，还要照顾儿子，照顾丈夫，照顾上年纪的爸爸……我都要忙死了。”

但即使是这般愤怒，来访者对妈妈也没有过多的期待，只是想：“哪怕妈妈仅仅是能给爸爸做一顿饭也好，我也不至于这么累。”她绞尽脑汁也想不明白，为什么妈妈都已经这么大年纪了还不懂事？妈妈怎么能做到甩手不管家务事呢？

多年来的忍耐终于爆发，来访者对妈妈的愤怒与厌恶之情喷涌而出。尤其令她极为不解的是，妈妈为什么不照顾爸爸呢？正是因为妈妈不管爸爸，她甚至觉得爸爸一辈子都没有得到过妈妈的照顾。也正因为觉得爸爸太可怜了，她认为自己必须要承担起照顾爸爸的责任。

在咨询中，我又得知，来访者的妈妈向来要强，标榜自己是高知女性，坚决不做家务。就这样，妈妈将全部精力放在了家庭之外的“高层次活动”上，无视家人的需求与渴望。来访者从小面对这样的妈妈，很是难过，她早早地便树立了自己的人生信条——绝对不要成为妈妈那样的人。她包揽了所有家务，精心地安排家庭生活，还游刃有余地参加各种社会活动，一个人扮演着多重角色。久而久之，钢铁般坚强的她居然也感到疲惫了，渐渐地开始怨恨妈妈。

来访者的爸爸年轻时事业有成，积攒下不少的财富。现在爸爸虽已退休，但仍有固定收入，根本不缺钱。也就是说，即使没有她照顾爸爸的衣食起居，依然可以通过找家政阿姨或者其他家庭成员共同来照料爸爸的生活。但问题是，来访者并不这样认为。她的内心世界在挣扎。

我成了“坏妈妈”

日复一日的奔波忙碌并没有将来访者打倒，但是儿子突如其来的一句话却轻而易举地击溃了她的内心防线。

> “我从来没见过妈妈的笑容。我不知道妈妈到底爱不爱我。妈妈虽然嘴上说爱我，但是我从来没有真切地感受到过妈妈给予我的爱。”

来访者被儿子的话击倒了，她瞬间崩溃。她那么用心养大的儿子，居然对自己说出这样的话。她到处打听、收集教育信息，只为了能够给儿子提供最好的教育资源。她再忙再累，也从来没有让儿子落下过一顿饭。一顿热腾腾的饭——这可是来访者终生的期待啊，是极力渴求却得不到的心头遗憾。

> “妈妈为你做了这么多，你居然能对妈妈说出这样的话？”

“妈，我透不过气了。和你在一起让我很不舒服。”

听到儿子发泄对自己的不满，来访者更加痛恨自己的妈妈：“我为什么要活得这么累呢？为什么我对儿子呕心沥血，儿子却要这么说我呢？这一切的一切都是因为妈妈！我恨死妈妈了。”

“我有了孩子后，就更无法理解我的妈妈了。小孩子是那么可爱，那么讨人喜欢的存在，但为什么妈妈却对小时候的我不理不睬呢？我到现在也依然完全无法理解她。一想起她，我就气不打一处来。我曾经一直以为天下所有的妈妈都和我妈妈一个样，自己生了孩子后，才发现并不是这样的。”

在来访者看来，小孩子是令人想把全世界都给予他的存在。可是，妈妈为何对自己的孩子不理不睬呢？怀着对妈妈的不解与不满，来访者将自己没有得到的母爱，毫无保留地给了儿子，然而满满的爱却成了儿子眼中的一种枷锁。来访者努力地想要摆脱掉“坏妈妈”的阴影，到头来却十分遗憾地发现自己不是儿子眼中的好妈妈，这使她备受打击。

在原生家庭中未得到妥善解决的一些问题会反复地出现，并将不断地影响夫妻关系和亲子关系。首当其冲的便是婚姻中的夫妻关系。心理学专家认为，人们通常会不自觉地按照自身的自尊心强度来选择伴侣。倘若一方在成长过程中缺乏关爱，则有很大概率会选择受伤害程度与自己相似的另一方作为伴侣。遗憾的是，当两个缺爱的灵魂带着原生家庭的残留问题相遇时，只会摩擦、碰撞，且不断地制造矛盾冲突，很难获得真正的幸福。

但也有一部分人，他们自身虽有些缺乏爱，但仍勇敢地选择了与拥有安全依恋型人格、心理健康的人结为伴侣。他们婚后虽难免有些大大小小的冲突，但幸运的是，夫妻关系没有受到较大的负面影响。然而在亲子关系方面，残留的问题终将会重新浮出水面。也就是说，原生家庭所导致的问题若得不到良好的解决，其将会伴随终生。从夫妻关系到亲子关系，原生家庭中未解决的问题将会一直潜伏在人们的内心深处，等待一个契机爆发出来。

当父母有了自己的孩子后，看着孩子一点点地成长，不免会去回忆那个年龄时的自己。孩子五岁了，父母会回想："我五岁时是什么样子呢？"并将过去的自己和现在的孩子做比较，同时也会为过去的自己感到可怜。有些父母甚至会将这种对自己儿时遭遇的怜惜之情过度放大，升级成为十分严重的亲子问题。在这种情况下，有的孩子或许会顺利地成长，但有的孩子却会被这个问题始终困扰。

当孩子胡搅蛮缠或撒谎时，安全依恋型人格的家长会宽容以待，从容不迫地解决问题。当孩子惹出小状况时，安全依恋型人格的家长会认为"世上没有完美的人，好孩子偶尔也会有不懂事的时候"，并不将其视为很大的问题。但是那些在原生家庭中没有得到过充足的心理支持的家长却完全相反。为了不让孩子像自己一样拥有不幸福的原生家庭，这样的父母往往会竭尽全力地把最好的爱都奉献给孩子。当苦心栽培的孩子一旦出现胡搅蛮缠或撒谎等状况时，父母就会变得十分讨厌孩子，觉得整个世界都崩塌了。妈妈会质问孩子："为了你，我们牺牲了多少啊，你怎么能这样做呢？"并将怨气、怒气全部发泄在孩子身上。此时，孩子却会觉得妈妈时好时坏，感到十分混乱。我们由此可以得知，如果人们在一段关系中用力过度，反而会使得这段关系变得不舒适。在这个心理咨询案例的亲子关系中，妈妈的过度用力给自己和孩子分别带来了深深的创伤。

我想得到妈妈的爱

在咨询过程中，这位来访者的故事始终围绕“饭”这一主题。来访者一走进咨询室，对我讲的第一句话就是：“我妈妈从来没有给我做过一顿饭。”她说自己也不知道为何对这个问题如此不满。

诚然，“饭”是家庭中极易引发矛盾的一个主题。我曾见过许多男性前来进行心理咨询时，抱怨妻子不给自己准备热腾腾的早饭，而妻子却不以为然：“一顿饭没什么大不了的，丈夫太夸张了。”“要是想吃热腾腾的早饭，丈夫可以自己动手啊。”但这里需要注意的是，从心理学的角度来看，“饭”并不仅仅是一种单纯的生理需求，还包含了一种渴望得到关爱的需求。丈夫正是将儿时通过一餐一饭从妈妈那里获得的安全感，寄托到了妻子身上。男人希望妻子做饭，女人希望丈夫强壮有力，彼此同样都渴求获得一种被保护的安全感，只是象征有所不同。

> “做一顿热腾腾的饭，有什么难的呢？从小到大，妈妈就没有给我做过一顿饭。我恨死她了。”

直到某一天，来访者回到家，看到桌上摆满了热饭热菜。不知为什么，来访者想当然地认定这就是妈妈给自己做的饭。她开始欣喜若狂，享用了世界上最美味的一顿饭。令来访者感到十分奇怪的是，吃着妈妈做的饭，对妈妈的怨恨立刻就消失了，内心开始原谅了妈妈。“原来妈妈做的一顿饭就能解开我的心结啊。”仅凭一顿饭，来访者对母亲的多年怨恨便烟消云散。她终于确定妈妈是爱自己的，自己更是爱妈妈的。

然而，真相却如同倾盆大雨一般，浇凉了来访者的心——那晚的饭，竟不是出自来访者妈妈之手。我要求来访者形容当时的心情，来访者答道：“觉得天都塌了。”

被妈妈背叛的感觉再一次如巨浪袭来，来访者感觉其内心仿佛被撕碎一般痛苦。来访者就像是一个满怀期待却又惨遭希望落空的小孩子，心情从高峰重重地跌落至谷底；又像是少女在自己心爱的男生面前暴露了素颜，懊悔不已。她走进了自己的房间，一动都不想动，顿时万念俱灰。

来访者由此想起了自己的童年时光。儿时每每放学回家，她必定首先在家中找寻妈妈的身影，然而没有一次能够寻到。来访者从小就成绩优异，然而这样的好孩子却终日都在反省自己到底是哪里做得不够好、怎样才能弥补自己的不足……这一切都是妈妈这一角色的空白所导致的。

来访者回首自己的成长历程，一直在“渴望”父母的关爱。在她的成长过程中，父母争吵不断，于是她小小年纪便充当了“和事佬”，给爸爸妈妈调解矛盾。又因为妈妈常常不在家，她除了要照顾年幼的弟弟妹妹，还要打理整个家庭事务。来访者在年幼时非但没有受到家庭的保护，反而还要代替妈妈照顾整个家庭。正是因为这样，她被内心的责任感牢牢地捆绑，很痛苦。由于来访者需要代替妈妈随时检查和打理家庭日常生活中的大小事务，久而久之，她渐渐地养成了完美主义的性格。她常常精神高度紧绷，极为敏感，厌倦与人交往，因此很难与别人建立亲密关系。

每当遇到困难的事、不好的事，来访者总会第一个想到妈妈，内心满是对妈妈的怨恨与愤怒。但令来访者极为不解的是，每当自己有值得祝贺的事时，她第一个想与之分享的人也是妈妈。来访者常常这样想："要是有一个地方能够让我内心宁静就好了；要是能有人用温暖的怀抱拥抱我，容我撒娇一下就好了。为什么我已经长大了，这些小时候幼稚的愿望还是一直伴随着我呢？"她难以理解自己的这些十分矛盾的想法。因此在后续的家庭心理治疗过程中，我与来访者的妈妈进行了一次深入的沟通。

重新认识妈妈

在与来访者进行了几次交谈过后，我终于见到了她的妈妈——那个对孩子不管不问，只顾满足自己需求的妈妈。妈妈究竟是为何如此渴望得到外界的认可，甚至不惜无视家人呢？为了解开这一谜团，我开始与来访者的妈妈展开深入的交流。

不出所料，这位妈妈成长于一个没有安全感的家庭。不顾家的父亲，重男轻女的家风——这位妈妈就是在这样的家庭环境中顽强地长大，唯一耀眼的东西便是她的学习成绩。在那个年代，大部分女孩都是早早辍学，省下钱来供哥哥弟弟读书。在这样的社会大环境下，她更加拼命地用功读书，渴望借助读书这唯一的出路来逃离不幸的原生家庭。后来，她遇到了能干的丈夫，二人婚后经济方面不成问题。但在职场中，她却总是不满足自己的职位，想要早日实现晋升。然而，她生下大儿子后，便不得不回归家庭。离开职场使妈妈自尊心受损，再加上她那“做家务就是被社会淘汰”的思维定式，她最终还是选择了返回职场。这给孩子带来了无尽的伤害。时至今日，来访者的妈妈在家中已找不到自己的位置。这位妈妈在心理方面仍只是个追求自身价值的小孩子，全然不是一个懂得照顾孩子、关爱家人的成年人。我将其所具有的特点总结为：智商高，但情感匮乏，不会爱，也不懂爱。

半年来，来访者以诚恳的态度一次不落地完成了心理咨询治疗。随着咨询的深入开展，来访者渐渐地打开了心扉，性情与来访之初已经大不相同，她开始变得柔软又温和。

来访者心中饱含压抑的故事，内心满是堆积的情感，却极力克制着自己，不肯表达。于是周而复始，她的愤怒越积越多，最终濒临崩溃。在咨询过程中，我主要倾听她的讲述，希望能够帮助她释放积攒了许久的愤怒与忧郁。我深知来访者最需要的是不带任何偏见、不含任何评判的倾听和理解的目光。几次咨询后，来访者的态度渐渐地出现了转变。她开始倾诉自己的感情，那些委屈又痛苦的情感一经发泄，内心便会变得从容。趁现在治疗效果颇佳，我决定继续深入，希望来访者能把压抑在内心更深处的感情都抒发出来。

“您肯定很伤心吧？从小就没能得到妈妈的关爱，什么事情都要您一个人独自承担，很孤独吧？即便如此，您现在依旧十分渴望得到妈妈的关怀。

所以我们有必要去探究妈妈为何不能给予您想要的爱，并试着去理解妈妈。”

尽情地抒发了内心的情感后，来访者变得更加从容。尽管十分讨厌妈妈，但她依然选择去找寻妈妈那样做的心理根源，试图去接纳、包容妈妈。

之后的某个瞬间，来访者突然发现了妈妈的孤独。多年来，孩子们全部怀着一种对妈妈的愤怒与不满，坚定地站在爸爸一边，却忽视了“妈妈的位置正在消失”这一事实。在家中妈妈是彻彻底底的落单者、边缘人。没有人肯倾听妈妈的话语，更没有人试着去了解妈妈的心境。妈妈带着“坏人”的烙印，被家人排挤了数十年。“爸爸是好人，妈妈是坏人。”这就是这个家庭中人们根深蒂固的认知。

我力图将来访者从错误的三角关系中拯救出来。

“现在请你放下对爸爸的过度责任感。照顾爸爸的衣食起居，这是妈妈的责任。家中所有的事情并不应该都由你一人独自承担。”

“我能放下吗？我都已经这样过了半辈子了。”

“当然了，可以的。这么多年你都挺过来了。父母能照顾好他们自己，你也一定可以放下责任，过好自己的人生。你要相信自己。”

当来访者在终于认识到照顾爸爸不只是自己的责任后，逐渐从爸爸、妈妈和她的扭曲关系中走了出来。我建议，她不要只看父母的缺点，而是要去发现父母的优点和潜在的力量，重新去认识父母。

分离不是绝对的隔绝。真正的分离是在恰如其分的联系和放手中自然形成的。唯有实现真正恰当的分离，孩子与父母的关系才能舒适而长远。

重拾内心深藏的美好

我见过许多人对自己的妈妈恨之入骨，口口声声地说着：“我恨死妈妈了。”虽然他们和妈妈在一起的时候总会无休止地争吵，却又不肯离开妈妈，而是渴望得到妈妈的爱。当父母向他们寻求帮助时，他们就会心甘情愿地付出一切。似乎只要他们付出，爸爸妈妈就会爱自己。然而爸爸妈妈还是老样子，他们就会为此感到既愤怒又委屈。虽然他们恨透了父母，却又不肯与父母分离。那么究竟为什么会出现这种矛盾的行为呢？

原来他们是抵抗型依恋人格。关于父母，他们认为只有不好的回忆。殊不知在他们记忆深处的某个地方埋藏着温馨的回忆。正是因为有温馨回忆的存在，他们才无法轻易地离开父母，才会怀着“只要我做得再好一点儿，一切都会不同”的美好期待去靠近父母。

这位来访者就是这样，人虽已到中年却始终无法离开妈妈，而且继续待在妈妈身边不断地渴求关爱。由于在成长过程中没有得到妈妈的温暖，来访者逐渐形成了既有回避型依恋特点，又有抵抗型依恋特点的人格。这也是一种混乱且极度缺乏安全感的依恋类型。

“您回忆一下小时候，有关于妈妈的温馨回忆吗？”

“啊，事实上是有的。我在咨询过程中，一

直都在回想那件事。虽然不是说妈妈有多好，但是我只要一想起那件事就会感到很舒心。小时候，睡觉之前妈妈偶尔会给我和妹妹讲希腊神话。有一次妈妈讲的故事栩栩如生，我和妹妹怎么听也听不够，缠着妈妈再给我们讲一遍，最后实在是太困睡着了。”

“想不到您的母亲还有这样的时候啊，我很想听一听关于她的故事。”

当回想起自己与妈妈也有过一些温馨回忆时，来访者本人都感到吃惊不已。惊讶之余，她一直都在不停地问自己：“那是爱吗？还是偶然而已呢？”但毋庸置疑的是，当来访者讲述这个故事时，脸上分明浮现出了幸福的微笑。对来访者来说，分明拥有过妈妈的爱。

心理咨询就是一个帮助来访者重拾内心深藏的美好回忆的过程。倘若来访者受到的伤害过重或保护自己的防御网过厚，情感都会遭到压抑。情感一旦找不到发泄的出口，悲伤和痛苦的记忆日渐积压，温馨的回忆就无法被唤醒。幸运的是，来访者在几次心理咨询中，逐渐发泄了积攒的压抑许久的不良情感，理解了家人的经历。于是她渐渐地开始出现了好的转变。

当咨询进入后半阶段时，来访者的表情逐渐开朗起来。她意识到自己首先放下了对“饭”无谓的责任感。

> “我也不知道自己为什么那么纠结做饭的问题。好像我不做饭就会出大事。”

经过疏导排解，来访者逐渐释怀了心中对妈妈的愤怒情绪。她已经做好了准备，将自己一点一点地从各种不属于自己的责任感中彻底地解放出来。当终于意识到自己没有必要始终为全家人服务后，她开始试着享受家人准备的饭菜，大方地接受家人给予的帮助。她十分坦诚地自白道：“我不再是过去的自己了。”

> “我的内心好像拥有了一股坚实的力量，没有人可以操控我。以前我总是战战兢兢的，生怕别人挑我毛病，现在我不在意了。现在我感觉自己慢慢变了。这种改变很不错。”

来访者更是下定了决心，一定要与父母实现真正的分离。来访者指出："一直以来，我都以孩子需要外公外婆为借口，与父母住在一起，实则是作为大人的自己不肯离开父母。"终于，来访者做好了内心准备，决定与妈妈分开。在咨询的最后，来访者露出了如释重负的笑容。

"大孩子"也需要爱

许多成年人，甚至是中年人，都依旧在苦苦地渴求得到父母的爱。回顾他们的过往，满是缺乏关爱、被父母无视的伤心故事。

父母对子女的爱是一种本能，没有谁会不爱自己的孩子。可是为什么有些人在回忆童年时，总是觉得没有被爱的记忆呢？众所周知，小孩子保护自己的能力较弱。当自身的安全遇到威胁时，小孩子往往会出于本能建立起防御机制，呈现出一种警戒的态势。当建立起防御机制时，我们的大脑对待焦虑、恐惧、伤害、孤独等负面的感受就会变得更加敏感，对幸福或喜悦的记忆则会钝化。久而久之，温馨幸福的体验就会被深藏在记忆的某处，看不见，摸不着，仿佛已经销声匿迹。此时，我们常会产生这样的想法：

“我身上从来就没有发生过好事。”

“我一点儿爱都没有得到过。”

“我怎么也想不起父母为我做过什么？”

人的负面情绪一旦出现，身体则会启动保护机制。从外观上看似竖起一堵高高的防御之墙，内心深处实则饱含着想要得到父母关爱的迫切渴望。当与父母温暖而又幸福的记忆涌现之时，内心反而会因为害怕受到伤害，而不敢轻易地打开心扉。因为害怕，所以每当那些原本能够治愈创伤、抚慰心灵的记忆涌现时，我们总会下意识地将其压抑住。也正因如此，我们的脑海中渐渐地就只剩下了那些痛苦回忆。

我们如何才能唤醒沉睡的温馨记忆呢？人类的情感十分丰富，并不存在绝对的“好情感”，也没有绝对的“坏情感”。恐惧、悲伤、担忧，这些也都是十分宝贵的情感。正因如此，我们需要珍惜每一种情感。

“爸爸妈妈把我交给奶奶抚养，竟然一次也没有去看我。当时我很孤独。”

“妈妈居然当着哥哥的面打我，我很伤心。”

“我明明学习很优秀，爸爸妈妈却怎么都不肯给我交学费。我太可怜了。”

“放学时，要是突然下雨了，别的同学都有妈妈来接。我却每次都是一个人孤零零地淋着雨回家。”

孤独、愤怒、悲伤……各种负面的感情更容易在脑海中留存下来。当负面的情感得到承认、尊重和宣泄后，就会渐渐地消散，同时，压抑许久的爱、希望、尊重、感恩等各种正面的情感则会生根发芽，在脑海中得以留存。

“生气也没有什么意义。都是过去的事情了，还想它干吗呢？”

倘若你是这么想，压抑自己愤怒的情绪，那么积极的情绪也会遭到压抑。当我们被无视时，告诉自己别在意；当我们怒火中烧之时，劝自己得忍着；当我们感到焦虑时，又安慰自己“没事的”……长此以往，我们的身体就会出现严重的后果。如果我们的身体总是被压抑得伤痕累累，有朝一日若是伤痕被揭开，便会给我们沉重一击。因此，我们应当将不好的情绪及时地发泄出来。

人类为了生存，自然而然地就拥有了各种各样的情感。也正因如此，每种情感的存在都有它独特的意义。

> “被无视的话，我们完全可以发火；当遇到危险时，要大声呼救；愤愤不平的话，应该勇敢地讲出来；伤心的时候，就要痛快地大哭出来。千万不要压抑自己内心的情绪，因为每个人都很珍贵。”

因为我是珍贵的存在，所以我需要有各种各样的感情。那么怎样成为珍贵的人呢？首先需要树立一种“我的感情原来是这样的啊，我要正视我的感情”的信念，承认并抚慰自己的情感。

当一个人能够珍视自己时，正面的情感记忆就会涌现出来："我珍视自己，那些曾经伤害我的记忆不算什么，我现在什么都不怕。"

> "小时候，我从床上掉下来受伤了。大冬天，妈妈光着脚就背起我跑向医院。那时，妈妈的背真是温暖啊，我一点儿都没有害怕。"
>
> "有一次，我考试考砸了，妈妈什么也没说，只是紧紧地抱住了我。我的眼泪唰地就流下来了。"
>
> "我小时候起疹子，浑身难受，妈妈为了照顾我彻夜未眠。"

时至今日，来访者过去的记忆终于被重写。一个人对于父母的印象，决定了他的生活质量。每个人都是被爱着的、与众不同的存在。我们不必绝望，不该畏缩，因为我们渴望爱，也得到过爱。

第四类：区别对待孩子的妈妈

为什么妈妈只讨厌我

从生下孩子的那一刻，妈妈就开始面临人生的一个新阶段。妈妈看似给予了孩子全部的爱，但实际上妈妈的不足也在潜移默化地影响着孩子。

其中对于子女来说，妈妈的区别对待最令人受伤。事实上，尽管许多父母并没有意识到区别对待的严重危害性，但由于父母的区别对待给孩子带去伤害的家庭数不胜数。父母往往会在众多孩子中选择最弱小的存在，或者选择自己最依赖的存在，去倾注自己所有的爱或发泄自己的感情。这个被父母选择的孩子就是家庭的牺牲品，即 Family's Scapegoat。

孩子渐渐长大，委屈的感情越积越多，终于有一天爆发出来：

“妈妈，那时您为什么只对我那样呢？对弟弟妹妹就不一样。我当时可失落了。”

“什么呀？我对你们几个都是一样的。我从没有偏心过。”

“您那时每天都只责备我。”

“你是最大的孩子，当然得让着弟弟妹妹了。你都这么大了，怎么还不懂事呢？”

孩子深陷在被区别对待的忧伤中，妈妈却没有区别对待孩子的任何记忆，甚至妈妈露出了一副“我分明是公平地对待所有的孩子，为什么他会这样想”的诧异表情。然而我们需要了解的是，对于一种行为的定义，并不是由发出行为的人决定的，而是由接受行为的人来决定的。倘若孩子说“受到过父母的伤害”，那么父母就一定是在无意识中伤害过孩子。对孩子来说，在所有的伤害中，父母对于兄弟姐妹的区别对待会使他尤为痛苦。

“家庭牺牲品”的概念源于在家庭中出现矛盾的情况下，父母将家庭成员中的某一个人当作“牺牲品”，以此用来稳固家庭关系的结构。“家庭牺牲品”最早源于夫妻矛盾，父母将自己的不安，尤其是妈妈将自己的不安转嫁到某个孩子身上，以此来缓解夫妻关系的紧张状态。

家庭牺牲品的概念和妈妈区别对待孩子的关联度很高。当夫妻之间出现矛盾时，妈妈将自己的不安转嫁给孩子，将某一个孩子描述成“问题儿童”，并且企图借助孩子来转移丈夫的视线，或将感情投射到那个最弱小的孩子身上，以此来解决矛盾。也就是说，当妈妈无法克服自己的不安情绪时，就将自己的这种不安转嫁给孩子，或将自己的不安想象成孩子的问题。被妈妈选择为“家庭牺牲品”的孩子，虽然和兄弟姐妹们拥有相同的父母，但由于从小受到了区别对待，在不同的养育环境中长大，因此从情感上来说，他们的父母与其他兄弟姐妹的父母截然不同。

曾有一位来访者称自己为“丑小鸭”。从小如果父母吵架的话，他就要无条件地接受妈妈的情感。从小到大，来访者早已习惯了接受妈妈激烈的情绪。来访者因害怕被父母教训而天天战战兢兢，可是弟弟妹妹们从来不用看父母的脸色，可以毫无顾忌地做自己想做的任何事情。原本小孩子可以理所当然地提出的要求，来访者却从不敢提。看到弟弟妹妹们，她也会羡慕不已：“原来还可以那样生活啊。”长大后，妈妈依旧只是对来访者发泄不良的情绪。有一天，她终于鼓起勇气拜托妈妈不要再这样，妈妈却说：“我怎么了？你是我的孩子，连听我说几句话都不行吗？”

父母并不清楚自己给孩子们带去了什么样的伤害，但这种无形的伤害却真实地存在于孩子的内心。伤害来源于父母，它紧紧地伴随着孩子的成长过程。这些未曾得到解决的伤害会堆积在孩子的内心，越堆越多，终有一天会爆发出来，甚至导致家庭的悲剧。

公平的爱才是健康的爱

有位女士前来进行心理咨询时说道，父母唯独讨厌她，她因此受到了很大的伤害。来访者有一位姐姐，因为妈妈对姐姐太过偏爱，以至于来访者认为自己在家中是可有可无的多余人。来访者说道："原来无限度的爱就是这样啊。妈妈十分偏爱姐姐，尽管我一直小心翼翼的，却仍然总被妈妈指责。甚至在小学的毕业典礼上，妈妈竟然在同学们面前说我是最没出息的。她还对我讲了很多难听的话，年幼的我因此受到了很大的打击。"

然而长大成人后，来访者和姐姐的处境却发生了很大的转变。与过着不安定生活的姐姐相比，来访者结婚后的生活很悠闲，日子过得十分不错。于是妈妈开始不断地向来访者提出各种无理的要求。来访者表示，每当看到自私自利的妈妈，便感到愤怒不已。然而来访者在谈及自己的孩子时，对大儿子和二儿子的描述居然完全不同。我以多年的心理咨询经验，敏锐地察觉到了来访者所存在的问题。

> "我的大儿子做事讨人喜欢。二儿子行事不端，总是说谎。"

"孩子总说谎。"这样简单的一句话却能给孩子带去巨大的伤害。"孩子总说谎。"这也是我在咨询中经常听到的一句话。很多父母都纠结于孩子表面的谎言，却从不关注孩子撒谎背后的原因。来访者的二儿子果真是因为品行不端才撒谎的吗？不是的，而是他在这个家庭里变成了不得不说谎的那个孩子。孩子知道，自己要是说出实话，就会挨骂或被冷落，因此孩子将谎言当作了保护自己的武器。

与之相反，来访者总是对大儿子不吝夸奖。来访者明明比任何人都了解被区别对待的痛苦，却又区别对待自己的两个孩子。实际上，来访者在二儿子身上看到了自己的影子。她在二儿子身上看到的缺乏自信、不合群的样子，事实上就是来访者想要回避、想要忘记的自己曾经的模样。在孩子身上发现自己讨厌的模样后，来访者便发疯般地讨厌那个孩子。这是因为在成长过程中，来访者的妈妈曾不断地说出一些伤透人心的话，使她认为就是因为自己的不自信、不合群，才让妈妈讨厌。来访者本以为已经忘记了那段十分令人痛苦的回忆，却在面对二儿子时，又看到了极力回避的自己曾经的模样。

听完来访者的全部故事后，我发现她虽然在经济上十分富裕，但是在情感上极为压抑。来访者的丈夫终日在外奔波，不顾家，只有她独自一人照顾年幼的孩子们，这使得她经常疲惫不堪。妈妈还总是向她提出一些无理要求，不断地打破她平静的生活。因此来访者选择将自己所有的情绪都发泄在二儿子身上，希望借助对二儿子的厌恶来缓解自己的痛苦。

也有许多人存在与来访者相反的情况。当有些父母看到与自己相似的孩子时，就会想到曾经可怜的自己，于是将自己未曾得到的爱全部倾注给这个孩子。曾有一位女性来访者就是这样。因为从小妈妈就只偏爱她的哥哥，所以在她的成长过程中充满了对哥哥的嫉妒。长大成人后，这位来访者建立了自己的家庭，拥有了自己的孩子，公公婆婆和丈夫却将全部的爱都给了大孩子，来访者甚至开始有些嫉妒自己的大孩子。因此对于相对来说缺少关心的第二个孩子，她更加用心，总是给予第二个孩子更多的东西。来访者本人也知道，自己对于大儿子的关心不够，但仍然不自觉地偏爱第二个孩子。

我们无法得知父母会在孩子之间做出怎样的选择，但是我们需要明白，父母这种有选择、有区别的爱并不是一种健康的爱，反而会给所有孩子带去严重的伤害。

在兄弟姐妹中，得到父母更多爱的那一个孩子就会更幸福吗？答案是否定的。父母的偏爱对所有孩子来讲都是一种伤害：没有得到父母关爱的孩子会产生被伤害的意识；被父母过度偏爱的孩子则无法实现与父母的真正分化。两种孩子同样受到了伤害。父母的区别对待，将会使所有孩子都带着伤痛生活。

父母之爱是自上向下的爱。父母疼爱孩子，往往是不求任何回报的。但需要注意的是，父母给予孩子的爱必须体现公平原则。在原生家庭中形成的平等概念，甚至会影响孩子在社会生活中与他人建立关系时的态度。一个人只有将平等的概念内化于心，才能在社会生活中尊重他人，与他人建立良好关系。反之，一个人如果在成长过程中受到了来自家人的不公平对待，那么在今后新的关系中也会不断地遇到困难。

我很委屈

在父母的区别对待环境中长大的孩子会是什么样子呢？多年来从事心理咨询工作，我看到了许多来访者最为脆弱的一面。有些来访者深受男女不平等的伤害；有些来访者家中以长子为中心，对非长子漠不关心；还有一部分来访者，他们大多是家中的长子或长女，不幸被母亲选作了发泄不良情绪的对象，也因此痛苦不堪。

曾有一位男士步伐轻快地走进咨询室，前来进行心理咨询。这位来访者没有压抑自己的情感，反而非常坦率地向我讲述了自己的故事。在整个咨询过程中，来访者都围绕一个不变的主题——“我很委屈”。

那么究竟是什么事情让来访者感到了百般委屈呢？来访者解释道：“我的妈妈太过分了。”原来在小时候，妈妈把所有的爱都给了来访者的哥哥。一直到长大成人后，来访者也想不明白：“我和哥哥同样是妈妈的孩子，为什么妈妈只爱哥哥呢？”

几次咨询后，我了解到来访者最大的痛苦来自极度偏爱大儿子的妈妈。小时候，妈妈所做的一切事情都偏向哥哥。妈妈让来访者的哥哥接受最顶尖的教育、穿最好的衣服、吃最好吃的食物，哥哥因此享受着父母所有的关爱。而来访者却连上课外补习班的机会也没有，父母甚至没有给他买过一件像样的衣服。尽管如此，来访者还是成绩十分优异，和哥哥一样考上了名牌大学。来访者现在就职于一家十分著名的公司，职位步步高升。他还遇到了与自己很合得来的妻子，组建了温馨的家庭。

十分讽刺的是，来访者的哥哥虽然拥有妈妈全部的爱，现在却过着孤独而且不稳定的生活。原来妈妈牢牢地掌控了哥哥的全部生活。哥哥长大后与妈妈看上的女孩结了婚，但是后来大嫂撇下哥哥，带着孩子去了国外生活。哥哥没有亲近的朋友，一个人过着不幸的生活。来访者称，时至今日，妈妈仍旧只在乎哥哥。“为什么我已经足够优秀了，妈妈还是只喜欢哥哥呢？”来访者百思不得其解，每每看到妈妈关心哥哥的样子，就会感到厌烦不已。

在这个案例中，我们看到了两个儿子截然相反的人生。始终被妈妈十分关切地呵护在臂弯中的大儿子生活十分艰难；在妈妈的漠不关心中长大的二儿子却通过自由恋爱找到了合适的伴侣，生活十分幸福。

妈妈看着风光无限的二儿子，脑海中牵挂的却全是可怜的大儿子。“我的大儿子才应该这么出色才对。”妈妈非但没有为二儿子的幸福感到高兴，反而更加担心自己的大儿子。

看到这样的妈妈，我突然理解了来访者所受的委屈，但同时也感受到了大儿子的痛苦。

"虽然您哥哥得到了妈妈全部的爱，但也正是这份爱将哥哥紧紧地束缚住了。哥哥一辈子都要按照妈妈的意愿生活，没有任何自由可言。您哥哥一定也生活得很痛苦。"

"妈妈到了这把年纪，为什么还是只偏爱哥哥呢？我实在不明白其中的原因，太郁闷了。妈妈为什么眼里只有哥哥？为什么就是看不到同样是她儿子的我呢？"

"您妈妈之所以这样做，一定有她自己的苦衷。您没有得到妈妈的关注，同样也没有被妈妈束缚。您想想，从小到大，您都有决定自己人生的权利，而您的哥哥却只能听从妈妈的安排。再看看现在，您过得也比哥哥好很多。"

"我一直以为哥哥才是受益者，没想到哥哥和我一样也是受害者。"

在生活中，被父母过度宠爱、和父母未实现分化的孩子，往往会比缺少父母关爱的孩子更为不幸。父母若无法与孩子实现真正的分化，就会不断地向孩子施加心理压力：“孩子，一定要完成妈妈的心愿！”“孩子，我为你付出了全部的爱，你得帮我了却心愿。”当孩子背负着父母未完成的心愿生活时，是极为沉重且艰难的。那些得到了父母极度偏爱的孩子，其实也是被父母选择的家庭牺牲品。他们在成长过程中始终被父母推着向前走。这样的孩子看不到自己的需求，也就无法判断自己想要的是什么，最终会迷失人生的方向。因此，得到了父母过度宠爱的孩子和得不到父母关爱的孩子同样是受害者。也就是说，不公平的爱不是健康的爱，不公平的爱将会伤害所有人。

被动型人格

只有那些自尊心比较强的人，才能够大胆地表达出自己的情感。那些能够表达自己情感的人，其面部表情常常是轻松自在的；而那些压抑自己情感的人，其面部表情则往往是无精打采的。

有一位男性来访者，被父母的无理要求束缚了一辈子。即使来访者已经人到中年，他的生活还是被父母完全掌控着。这位来访者同样生活在父母只偏爱哥哥的家庭中，从小，父母就教育他："你不能超过你的哥哥。"也就是说，来访者永远要屈居哥哥之后。来访者的智商极高，他的博士学位毕业论文在国际上都获得了好评，然而他却不能违背"弟弟不可以比哥哥更优秀"的家规。因此，来访者从来没有完全发挥过自己的实力，总是为了配合哥哥，给自己设定了许多的界限，时刻告诫自己："不能超越哥哥。"来访者结婚以后，夫妻之间矛盾不断，婚姻岌岌可危。妻子对来访者最大的不满就是："为什么你总要让着你哥哥呢？你要争取自己的利益啊！"

然而，来访者早已习惯了这种让着哥哥的生活。父母立下的严厉家规，使得来访者在做每一件事之前都会很自然地想："我不能做得比哥哥好。我不能比哥哥出色。"因此，来访者尽管拥有惊人的能力，却从不敢表现自己。这究竟是出于什么心理呢？原来来访者被“不能比哥哥出色”的强迫症束缚住了。他认为，自己一旦比哥哥更优秀，家里的秩序就会因此崩塌。来访者为了维护心中的家庭秩序，从小到大一直压抑着自己的愿望和追求，隐藏了自己的潜能。

来访者终日迎合他人，是典型的被动型人格，而他的妻子却是一位积极争取权益的主动型人格女性，夫妻二人性格正好相反。来访者在原生家庭中早已习惯了迎合哥哥，不惜降低自己的追求。然而结婚后，在积极主动型妻子的耳濡目染下，来访者也渐渐地开始释放出了自己深藏内心的想法。来访者想要通过妻子的爱，来疏解自己在原生家庭中受到过的伤害。可惜的是，他的妻子也同样受到过原生家庭的伤害，养成了自负的性格。妻子一旦得不到别人的认可，就会随时向丈夫发泄自己的不满。夫妻二人在各自的原生家庭中未能解决的问题，在婚后逐步演变成了夫妻矛盾。

由于在咨询过程中来访者总是带有防御心理，使得咨询毫无进展。每每看到来访者神情忧郁地走进咨询室，我就心头一酸，为他感到可惜。我时常想，他这么有才华，怎么会如此的垂头丧气呢？这位来访者让我明白，父母不公平的爱将会影响孩子的一生。

为了真正地解决来访者的问题，我建议来访者在心中重新认识自己的父母。在心理咨询中，每当我向来访者问起他的妈妈时，他总是不断地重复这样的托词：“算了。过去的事情就不提了，我都忘记了。”然而事实是，来访者的原生家庭中严厉的家庭氛围使他很难发出自己的声音。尽管来访者表现出了消极被动的态度，却仍坚持不懈地每周都来进行心理咨询。我由此判断，来访者一定有很多的话想讲。为了防止来访者中途放弃，我在咨询中一直给予他鼓励。

大约进行了一年的心理咨询后，我欣喜地发现了来访者身上所发生的变化。他开始一点一点地讲述自己的心声。来访者十分激动地告诉我：“一直以来我什么都听妻子的，却总是被妻子责备。前几天我终于第一次坚决地说出了自己的想法。妻子起初虽然反对，但是逐渐开始尊重我的意见了。”更令人欣慰的是，来访者在原生家庭中也做出了一些改变。在一次家庭聚会中，父母又向来访者提出了过分的要求，这一次，来访者没有忍耐，他明确地拒绝了父母的要求。就这样，来访者逐渐地培养起了自己内在的力量。

在这个心理咨询案例中，父母要求来访者："你不能比哥哥显眼。你要配合哥哥的脚步。你永远不能超过哥哥。"父母的要求一直束缚着来访者，使其痛苦不堪。倘若来访者没有做出反抗，很大程度上就会在父母的催眠下浑浑噩噩地度过一生。

人在孩提时期，由于还没有强烈的主观意识，只能全盘接受父母的意见。长大后，情况就应当有所不同。然而，"长大成人"并不意味着能长成心智成熟的大人。即使年过五旬的中年人，内心也会有"我不行""我不好"等脆弱的一面。若是一个人成年后内心还不成熟，不仅会伤害自己，还会威胁到现在的家庭，甚至给自己的下一代带去伤害。为了自己宝贵的人生，我们每个人都需要找准自己的生活重心。为了阻止个人的不幸代代相传，我们应该放下父母强行灌输给我们的思想，重视自己的想法。

做自己人生的“预言家”

有的人总是持消极否定的态度看待事物。这一类人常常反省自己，总是进行自我批评，认为自己一无是处。他们会不断地挖掘自身的缺点，尽管这些所谓的缺点只是自己的主观臆断。他们常常会想：“人们一旦了解我，就会对我感到失望。”“大家都会无视我。”久而久之，这种消极的处世态度就会演变成过度的自我否定。

研究表明，焦虑型依恋人格的人在成长过程中，普遍缺乏来自父母的肯定。因此，焦虑型依恋的人普遍缺乏自信，认为自己不会成功。焦虑型依恋的人害怕受到伤害，因此总是给自己事先下达“我不行”“别人都讨厌我”的心理暗示，实际上是在给自己进行心理铺垫。焦虑型依恋人格的人，总会事先做好“我不行”的心理准备。因为只有这样，当他们失败时，才不会对自己感到过于失望。这也正是一种“预防失望”的心理暗示法。但值得注意的是，预防失望最终只会招致更大的失望。

还有的人在恋爱时，经常会不自觉地对恋人的告白产生怀疑。

> “他真的爱我吗？他虽然现在说爱我，最终一定会抛弃我。我妈妈也总说爱我，结果还不是很早就抛弃了我？”

这一类人总是在不断地怀疑和考验自己的爱人。最终，爱人因为不堪忍受而与之分手。事实上，这一类人想要通过不断地考验对方，来获取自己内心的安全感。他们为了缓解自己心中的不安，做出了许许多多幼稚的行为，结果却仍没有获得自己想要的安全感。从心理学的角度出发，若想维持一段良好的关系，我建议关系双方首先要思考以下几个问题：

> “我怎样做，才能更好地享受幸福呢？”
>
> “我怎样做，才能让这段关系变得更好呢？”

每个人都是自己的预言家。那些总是对自己说“我能行”的人，往往最后真的能够获得成功。每一位来访者都是在人生的低谷时，将心理咨询视为拯救自己人生的救命稻草，前来进行咨询。我怀着对每一位来访者负责的心情，向他们提出了这样的几点要求：

> “首先，您要明白，只要下定决心去做，一切都会如您所愿。您的人生还很长，请不要灰心。请先明确自己究竟想要什么，然后将自己想要实现的事情具体写下来，放在显眼的地方。但是，请不要使用‘不能做……’的消极回避型语句，而是使用‘要做……’‘可以做……’的积极追求型语句。”

我要求来访者根据现实情况，思考并写下自己最恳切的愿望。我叮嘱每一位来访者，不要茫然地写下“我想变得更好”这些空洞的口号，而是记录自己内心深处最恳切、最具体的心愿，并将这张写满心愿的纸放在一个最为显眼的地方，每天看着这些心愿，每天都做出一点儿努力。30多年来，我进行心理咨询的经验证明，这一方法极为有效。那些能够认真地写下愿望，并且积极地付诸实践的人，最后都能够变得更好。

与之相反，那些不相信“预言论”的人，他们对自己断言“我不行”，果真无法获得成功。客观地说，导致一个人不成功的因素有很多，但最主要的因素一定是“自我否定”。

因此，“我很特别”的自我预言十分重要。一个人内心深处对自己的预言，足以改变自己的命运。我曾叮嘱来访者，千万不要对自己的孩子说负面的话，也要避免用“不能做……”的否定语句，而是要循循善诱地告诉孩子们应该做什么。

“孩子，你一定能成为一个优秀的人。”

积极的话语往往会存在意想不到的强大力量。倘若父母常常夸奖孩子，孩子就会从这些表扬中获得信心，从而给予自己积极的心理预期。这样的孩子会认为自己能够成功，而结果也往往是美好的预言成真。

与年纪较小的来访者进行谈话治疗时，我常常采用一种叫作“诞生神话”的治疗方法。也就是将来访者的诞生与神话故事联系起来，从而赋予来访者重要意义。

“哇！你是在圣诞节前夜出生的，真令人吃惊。能够在圣诞节前夜出生的人，一定受到了上天特别的祝福，今生会成为一个充满爱的人。”

“在天上的奶奶听到了爸爸妈妈的愿望后，把星星中最闪耀、最漂亮的那颗送给了他们，那颗星星就是你！”

“诞生神话”的治疗方法就是通过给孩子们带去积极的愿望，为孩子们提供特别的预言。我也经常对我的孩子说：“你是上天赐予的孩子。”“我向上天承诺，一定会好好照顾你。”尽管孩子有时会发牢骚，觉得妈妈每天都重复同样的话，但是孩子知道，这些话包含了父母满满的爱，因此即使听过千遍万遍也不会感到厌烦。特别的预言不只是对孩子，对成年人也很有帮助。因此，好的预言值得我们重复再重复。

“我很特别。我观察事物极为细致，我做事非常坚持，这些都会使我变得更好。”

“有很多人爱我。我要将大家对我的爱化作力量，去向更多的人传递善良与大爱。”

当这些积极的预言在我们的心中扎根时，就会改变我们的思维。正如滴水穿石一般，细微的变化最终会形成巨大的改变。我们所梦想的美好人生，就在这些特别的预言中一点一滴地成为现实。

第三部分

家庭与母爱的巨大能量

如何见到
我内心深处的家人

家庭心理治疗的开始

在 30 多年的心理咨询历程中，我深深地领悟到，心理咨询的意义并不仅仅是治愈来访者的心理创伤，还包括发现人性的美好。我所指的“美好”，是一种超越个人的局限，领略到家庭传承的力量后所获得的安全感。换言之，心理咨询能够使人切实地感受到自己内在的无穷力量。

我在学校教学时，新学期正式上课前总会让学生们思考这样一个问题：

“请各位同学思考一下，自己的优点是什么？

然后请想一想，自己的优点从何而来？稍后我会请同学们讲述自己的故事。”

学生们没有注意到的是，几乎每位同学的优点都离不开家人的影响。

“我的优点是做事认真。我的爷爷就是一位认真的人。我的父亲也不例外，30 年来他每天都是早上六点出门上班。不管发生什么事情，他上班从来都没有迟到过。”

起初，这位同学十分害羞。讲着讲着他仿佛明白了什么，说道：

“原来我认真的优点来自我的爷爷和父亲啊。我一定要将这种美好的品质传承下去。”

在前文中，我们了解过母子依恋关系的各种类型。实际上，根据依恋类型进行心理咨询的方法就是以家庭心理治疗为基础的。因偶然的机会我接触到了心理学，并赴德国系统地学习心理学。在德国，学生要获得硕士学位，就必须进修专家课程。我也不例外地选修了家庭心理治疗的专家课程，并进行了一段时间的实习。在实习期间，我被心理咨询的魅力深深吸引。看着那些来访者在接受心理咨询后所发生的惊人变化，我切身地体会到了人类内心的美好。

在系统性的家庭心理治疗过程中，通过“构建家族谱系图”和“建立家庭”，我仿佛领略到了一部部沉甸甸的家族史书。专家课程的核心是“建立家庭”。在引导来访者“建立家庭”的同时，我感受到了巨大的震撼。“建立家庭”是来访者自己构建和调整家庭体系，从而在短时间内形成新家庭模式的一种治疗方法。这一过程往往仅需几小时的时间，却可以产生巨大的奇迹。需要注意的是，家庭心理治疗并不是依赖于某一个家庭成员的力量，而是通过借助整个家庭，甚至是已故家人的力量，来实现家庭的和谐与幸福。

“尽管你还没有意识到，但实际上，你身上的力量来自你的父母，甚至传承自你的祖父母。家庭的力量是一种代代相传的巨大力量，更是极为宝贵的财产。”

一个人倘若能发现自己拥有家庭传承的力量，就会变得更加坚强。家庭心理治疗就是帮助来访者找寻家庭的力量，去发掘内心深藏的美好。

只有了解了来访者的家庭关系，才能看到来访者最根本性的问题。在心理咨询中，当我遇到棘手的问题时，我会着重观察来访者所呈现出的家庭特征。得益于此，我总能很快找出问题的根源。

家人对我人生的意义

儿时有这样一件事，令我记忆犹新。小学时的一次运动会上，爷爷来看我的跑步比赛。在准备参加班级赛跑时，我看到了在远处注视我的爷爷。我高兴地朝爷爷挥手。结果我没有听到比赛开始的哨声，起跑晚了，得了倒数第一名。在全班同学和爷爷面前得了倒数第一，我感到十分丢脸又很伤心。我闷闷不乐地对爷爷说道："爷爷，您刚刚都看见了吧。我是倒数第一。"爷爷却大声地向我说了一句这样的话：

"可是我孙女的跑步姿势最棒！"

听到这句话时，我幼小的心灵得到了莫大的慰藉。顿时我不再羞愧，整个人都感到很满足。在以后的人生中，每当我遇到挫折，想要质疑自己的时候，脑海中就会回荡起爷爷的声音：

"我孙女最棒！我孙女做得很好！"

在爷爷浑厚有力的鼓励声中，我逐渐成了一个心态积极的乐观主义者。从父母到祖父母，来自家人的声音带给了我无穷的力量。在无数次的心理咨询中，我不断地挖掘来访者那伤痕背后的美好，也在一点点地实现我的人生价值。怀着"发现美好"的态度去进行心理咨询，我发现所有的难题都能迎刃而解。也正因如此，我找到了生命的核心力量，并决定通过我的力量去帮助所有在伤害中痛苦不堪的来访者。

家庭拥有无穷的生命力和顽强的生存能力，家庭传承的力量影响着子孙后代的方方面面。在这种力量的影响下，伤痛会烟消云散。许许多多的来访者因为受到伤害后不知如何是好，不停地折磨自己，他们被困于眼前的痛苦，却没有发觉自己身上那来自家庭的巨大能量。一个人只有意识到自己拥有家庭传承的力量，才算是掌握了自己的全部力量，才能够勇敢地战胜痛苦。

我经常对来访者强调："你拥有无穷的能量和巨大的价值。尽管你经常会因一时的伤痛而意识不到自己的价值，但这一价值却是真实存在的。"

当人们被问到"你是有价值的人吗"这一问题时，很多人都无法自信地做出肯定的回答。然而每个人都拥有来自父母、祖父母的力量，这实际上就是一个人最大的价值。在家庭的传承力量影响下，我们才能摆脱过去的恐惧与不幸，活出自己的美好人生。只有运用好这种力量，不断地汲取家庭的能量，我们才能自信地喊出："我是有价值的人！"

我心中的好妈妈

自我否定是导致一个人产生心理问题的最大诱因。我常常听到来访者自怨自艾地感叹道："我毫无影响力。""我什么都改变不了。"但事实是，我们每个人都拥有超乎想象的巨大影响力。家庭心理治疗能够使人发掘自身力量的源泉，并促使这种力量成为改变自己的巨大动力。

由于妈妈是孩子最早期的依恋对象，所以拥有左右孩子人生的巨大影响力。妈妈的意见很容易深入孩子的内心，影响孩子的行为和判断以及自我价值的认定。一个年幼时深受妈妈伤害的人，想要从妈妈的阴影中走出来是极为困难的。妈妈带给孩子的伤害好似一颗炸弹，总会在孩子最脆弱的时候突然爆发。此时，即使孩子反复地安慰自己"我很好""我值得更好的"，但内心仍会轻易地崩溃。

在成长过程中，父母说出的对孩子造成伤害的话语，就像是深深刻录在孩子脑海中的一盘磁带。即使孩子长大成人脱离了父母的控制后，孩子脑海中的磁带还是会不由自主地回放。小时候总是受到父母指责的孩子，他们也会不自觉地用父母的语气来责怪自己。经常被父母抱怨的孩子，会极度自卑，认为自己什么事情都做不好。常常被父母与别人家的小孩做比较的孩子，会在不知不觉中抬高别人，贬低自己。很多孩子长大成人后还是这样重复体会父母带来的伤害，不断地折磨自己。那么如何才能彻底地从父母带来的伤害中走出来呢？最好的解决方法就是，实实在在地体验一次父母的爱。受伤的孩子只有从父母那里听到自己迫切想要听到的充满爱意的话语，才能够用爱来取代伤害，真正地实现内心的改变。

家庭心理治疗是一个系统的重新塑造来访者心理结构的过程。家庭心理治疗的第一步就是重新奠定来访者的心理根基，也就是重建家庭。重建家庭也往往是最困难的一步，因为很多时候，来访者会因为父母给自己造成了极大的伤害而有意地逃避父母，并且拒绝接近父母。我要求来访者必须明确：“父母为什么要伤害我？是因为父母很坏吗？还是有其他隐情呢？”孩子只有清楚了这一点，才能真正理解父母。另外，孩子应该明确地告诉父母，自己曾因父母受到过严重的伤害。只有将这种委屈与痛苦的情感向父母坦诚地表达出来，才能真正地摆脱长期萦绕内心的负面声音，从而听到自己渴望已久的话。

> “孩子，爸爸妈妈错了。爸爸妈妈由于忙于生计，对你的关心和照顾不够。但是，你千万要记住，爸爸妈妈很爱你。”

受伤的孩子在听到自己渴望已久的声音后，被压抑许久的情感才得以释放，残破不堪的自尊心也渐渐得以修复，内心自然而然地开始变得宽容且从容。在家庭心理治疗中，与父母进行面对面的交流是一种最有成效的方法。然而在无法进行直接对话的情况下，虚拟对话也不失为一个好方法。通过有效的家庭心理治疗，孩子最终会改变对父母的原有印象。

“我有一个好妈妈！爸爸妈妈都爱我！”

改变对家人的印象，美好的家庭故事由此展开——这就是家庭心理治疗的魅力。

倾听自己的内心

曾有一个年轻女孩前来进行心理咨询，我对她的印象颇为深刻。来访者称，自己每天都想死，很是痛苦。细细地倾听来访者的故事，我发现来访者的痛苦大多来自她妈妈的负面情感。

来访者的妈妈出生于一个有 6 个孩子的大家庭，她是家中最小的孩子。来访者的妈妈与来访者的大姨年纪相差 20 岁，与来访者最小的舅舅相差 11 岁。外婆老来得女，感到十分丢人，一直在外人面前掩藏小女儿的存在。殊不知，外婆的遮遮掩掩，使得来访者的妈妈深受伤害，她从小就认为自己的存在是一个错误。在这样的成长过程中，来访者妈妈的自尊心受到伤害，总是自怨自艾。来访者的妈妈婚后生下了 3 个孩子，她虽然成为妈妈，但是仍然缺乏自尊，总是很忧郁，还多次试图自杀。来访者就是在妈妈导致的极度不安的环境中长大的。渐渐地她也出现了严重的心理问题。

来访者的妈妈对身边的所有人最常说的一句话就是："请不要无视我！"她的行动也在向所有人做出这样的宣示："请不要无视我。"事实上，内心缺乏自信的人，往往极度渴望他人的关注与认可。来访者的妈妈就是这样，十分渴望他人能够关注自己，却无法与他人进行深入的交往。

于是来访者妈妈的情感原封不动地延续到了来访者身上。在与人的交往中，来访者将全部重心都放在"他是不是在无视我？"这一件事上。久而久之，朋友都渐渐地离她而去。来访者果真成了被他人无视的人。她为此伤心不已，无法正常生活。于是我建议来访者重新理解"无视"一词。

"你觉得别人的什么举动是在无视你呢？"

"别人做任何举动，我都会觉得是在无视我。对方无意间的一句话，我都会觉得是在无视我，并为此感到很伤心。"

“那你与他人会很难相处的。”

“是的，最难维持的就是与亲近之人的关系。”

即使有人主动地向来访者示好，她也很难打开自己的心扉。来访者在处理和异性的关系时，更是难上加难。哪怕是双方之间发生的一点儿小矛盾都会使她伤心欲绝。

来访者害怕被他人无视，因此她从小就会竖起浑身的尖刺来保护自己。随着年纪的增长，来访者的心理状况越来越差。实际上，在困扰来访者的情感中，掺杂了太多的她妈妈的情感。“不受妈妈待见的痛苦”“得不到别人认可时的愤怒”“害怕他人无视自己时的恐惧”，她的妈妈将种种负面情感传递给了来访者，使她背负着妈妈沉重的情绪包袱，寸步难行。因此，来访者首先必须明白这样的道理：“妈妈的情感不是我的情感。”

只有明白了“妈妈的情感不是我的情感”，来访者才有可能阻止这场家庭不幸的恶性循环。之后，她便迈入了家庭心理治疗的第二步——通过妈妈的故事，厘清妈妈出现负面情感的原因，克服内心的困难，实现自我治愈。

“我终于明白了妈妈为何痛苦。我很理解妈妈，但是妈妈的痛苦并不是我的痛苦。”

倾听着妈妈的故事，来访者渐渐地找到了使自己痛苦的根源。为了使她彻底地走出痛苦，我建议她反复地鼓励自己。

“我是珍贵的存在，我值得得到所有人的尊重与认可。别人和我在一起，会感到很舒适。”

我建议来访者在深呼吸的同时，大声地念出上面的句子。心理学中强调：“维持或是终止一段关系，是每个人都拥有的权利。”因此，在孩子与父母的关系中，孩子拥有与父母同等的选择权。也就是说，孩子无须以父母的话语、表情和反应马首是瞻。对孩子来说，最重要的是：“我想要什么样的关系？”“我应该怎么做才能拥有我想要的关系？”孩子只有意识到人生的决定权掌握在自己手中，才能顺利地摆脱不幸的恶性循环。

有的人由于内心的焦虑不安，总是回忆起一些不幸的事情。一个人若是在脑海中反复重现那些不幸的事情，绝望与痛苦就会越积越深，渐渐地将自己推向不见底的深渊。研究表明：痛苦越深的人，越难以从痛苦中逃脱出来。一个人越是回忆痛苦，就越难以战胜痛苦。

那么究竟应该从何处入手，才能战胜痛苦呢？答案就是——重新认识父母。过去未曾得到解决的情感会持续影响到现在的生活，因此，我们必须找到父母痛苦的根源，尝试从另一种视角去看待父母的痛苦。也就是说，我们要更加关注自己的内心，认真倾听自己心里的声音。只有这样，才能明白，“父母的痛苦不是我的痛苦”，才能逐渐地从父母的痛苦中分离出来，拥有属于自己的幸福。

如果妈妈可以说这些话

曾经有这样一位男性来访者，他爸爸赚钱很少，仅靠爸爸的收入难以养活整个家庭，是妈妈辛苦打拼，来访者才得以衣食无忧地顺利长大。来访者读书时学习成绩好，毕业后就职于一家优秀的公司。妈妈看着儿子长大后卓有成就，很是欣慰。渐渐地，妈妈对儿子的爱开始出现一些问题。在妈妈的心中，对儿子的爱已经远远地超过了对丈夫的爱。来访者的妈妈不仅对丈夫不闻不问，甚至希望丈夫不要出现在自己和儿子的面前。妈妈还总是要求儿子陪她一起逛街。每当外出时，妈妈也总是走在儿子身边，希望与儿子形影不离。就这样，来访者不仅无法实现独立，连结交女朋友都成了奢望。

来访者感到十分痛苦，因此前来进行心理咨询。通过家庭心理治疗，来访者恍然大悟："原来妈妈和我没有实现分离。"并下定决心与妈妈实现真正的分离。

值得一提的是，这位来访者选择了一种十分睿智的分离方法，就是通过"建立家庭"，在内心打造自己渴望的妈妈的形象，他期望听到妈妈这样说：

> "孩子，妈妈现在要放开你的手了。妈妈只希望你能过好自己的人生，你的快乐就是妈妈最大的幸福。孩子，妈妈真的希望你快乐。"

来访者对我说：

“这些真的是我最想从妈妈那里听到的话，我会把这些话珍藏在心中。‘妈妈爱我。’‘妈妈信任我。’‘妈妈祝福我的人生。’‘妈妈希望我能独立。’今后我会带着这些积极的想法去理解妈妈。不管妈妈怎么说，我都会以坚定的态度去对待妈妈。”

来访者发现，现在他不再害怕拒绝妈妈了。他下定决心，当妈妈再次要求一起外出时，他会视自己的时间和心情来决定去或不去，而不会再一味地迁就妈妈了。

来访者最大的变化，就是在心中改变了对妈妈的印象。过去，来访者常常这样想：“妈妈离不开我。一旦我不在妈妈身边，妈妈就会特别伤心，觉得我背叛了她。”而现在来访者心中重新树立起了一位独立又潇洒的妈妈形象：“妈妈尊重我的所有决定，妈妈希望我快乐。”

“我心目中的好妈妈一直在鼓励我做自己喜欢

的事情。我的妈妈尊重我的一切决定。今后我会坚定自己的想法，与妈妈实现真正的分离。”

听完这一番话，我为来访者献上了真诚的掌声。“建立家庭”就是这样，通过重新树立对家人的印象，实现自身的改变。在来访者出现转变之初，妈妈显得十分伤心。但是看到来访者坚定的态度，妈妈最终向儿子妥协，也开始一点点地改变自己。

事实上，我们每个人都拥有改变自己人生的坚韧力量。然而这种坚韧的力量却不是与生俱来的，而是在儿时父母一点一滴的关爱中逐渐培养而成的。那些儿时没有得到父母的关爱，甚至受到过父母伤害的孩子，则需要竭尽全力地从父母的阴影中走出来，重新积累改变人生的坚韧力量。

“建立家庭”，重新书写家庭的故事

何为“建立家庭”

在 30 多年的心理咨询历程中，我无数次地使用“建立家庭”这一心理治疗方法。通过“建立家庭”，来访者开始理解自己和家人，并且抚平内心的创伤，从而拥有坚强的力量。在心理学上，“建立家庭”这一治疗方法广泛用于解决家庭内部矛盾，调整代代相传的家庭结构，以及激发家庭活力等方面，并且卓有成效。

曾有一位白发苍苍的老爷爷被他的孩子们带来进行心理咨询，令我印象极为深刻。这位老爷爷走进咨询室时，情绪十分激动，向着他的孩子们大声喊道：

“我这一辈子都在养家养你们，你们现在凭什么把我带到这里来？带我来这里干什么？难道要让我给你们跪下吗？”

老爷爷怒不可遏，一直在高声谩骂带他来进行心理咨询的孩子们。最终，我还是安抚好了老爷爷的情绪，开始在这一家人之间进行“建立家庭”治疗。令人不可思议的是，“建立家庭”结束后，老爷爷的表情变得十分轻松，语气也和缓了许多，与初到咨询室时判若两人。

“能把我的想法全部说出来，我心里真的很舒服，孩子们也开始理解我了。我不再抗拒心理咨询了。”

短短的几小时，人的态度竟能发生如此巨大的变化，不禁令人称叹。在家庭心理治疗中，这样惊人的变化数不胜数，这也正是“建立家庭”的巨大力量。

在前文中我也曾有所提及，我在德国留学时初次接触了“建立家庭”这一心理治疗方法，并深受震撼。之后，“建立家庭”就成了我30多年来心理咨询历程中的必备治疗方法，帮助我为无数的来访者进行了系统性的家庭心理治疗。在亚洲国家，仍有许多人不了解何为“家庭心理治疗”，因而，我认为很有必要在此针对“何为家庭心理治疗”“如何进行家庭的建立”等问题展开简要的介绍。

“建立家庭”是以精神科医生雅各布·利维·莫雷诺发明的“心理剧辅导”为基础的心理治疗方法。此后，美国家庭治疗专家维吉尼亚·萨提亚更是将“家庭雕塑”的心理治疗技巧融入“心理剧”的治疗方法。“家庭雕塑”是萨提亚模式中一种常用且重要的家庭治疗技术，类似于雕塑技术，即利用空间、姿态、距离和造型等非语言形式，生动形象地重新再现家庭成员之间的互动关系和权力斗争情况。“建立家庭”的心理治疗方法就是在“心理剧”和“家庭雕塑”的基础上发展起来的，“建立家庭”就是塑造崭新的家庭结构。

通过“建立家庭”，来访者与家庭成员之间可以实现良好的沟通与互动，这有利于心理咨询师从整体上理解来访者复杂的家庭矛盾。另外，通过“建立家庭”中绘制“家庭族谱图”等方法，可以使家庭几代人之间错综复杂的关系变得一目了然，有利于咨询师厘清家庭成员之间的相互影响，进而产生良好的咨询效果。

来访者只有与家人共同绘制“家庭族谱图”后，才能够正式开始“建立家庭”的心理治疗。通过分析“家庭族谱图”，来访者的家人们开始理解“来访者身上所存在的问题，是家庭的‘病因’在来访者身上表现出来的症状”。“被确诊”的来访者是“生病”的家庭系统中，最早呈现出问题或症状的“家庭牺牲品”。来访者只有仔细梳理分析家庭成员的整体关系，明白家人之间的关联性，才能找到自己出现心理问题的根本原因，进而摆脱痛苦，迈向幸福人生。

在“建立家庭”的过程中，有一个极为困难却又十分重要的过程，那就是调整家庭模式，包括：家庭各成员本身的内在构想模式及行为模式，来访者家庭惯用的意识形态模式，家庭成员之间的相互关系及相互作用的模式。也就是说，来访者及家人通过认识并改造家庭内的惯用模式，才能有效地阻止家庭不幸的代代相传。因此，在家庭心理治疗中，我建议来访者首先绘制并分析“家庭族谱图”，然后剖析家庭成员三代人之间的情感联系，并借此梳理问题，解决矛盾。

“家族谱系图”分析实例

“家庭族谱图”以图表的形式描述祖父母、父母、来访者自己三代人的血亲关系和婚姻关系，可以使来访者及家人形象地看到家庭的发展史、成员之间的关系，以及目前家庭的状态。“家庭族谱图”能很好地帮助心理咨询师和来访者梳理家庭成员之间的情感联系，有助于开展心理治疗。

“家庭族谱图”符号及含义：

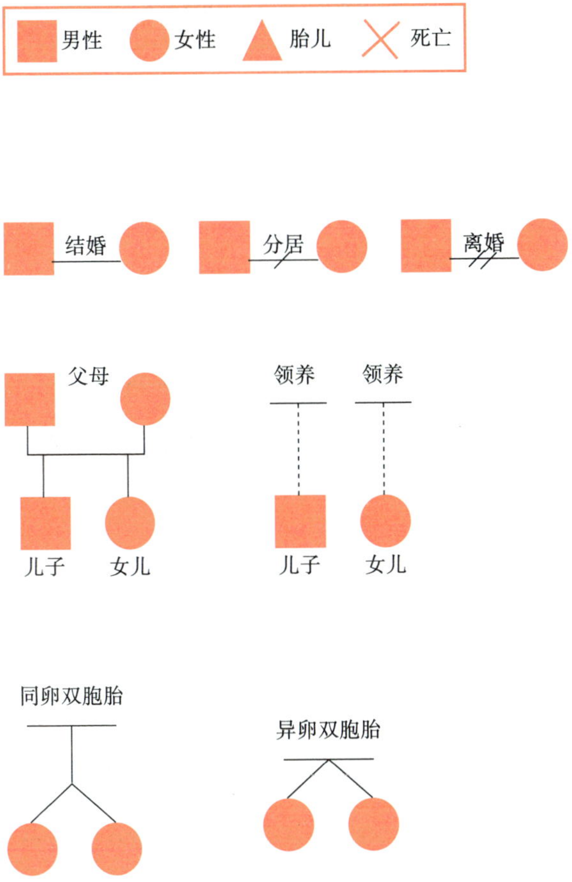
男性
女性
胎儿
死亡
结婚
分居
离婚
父母
儿子
女儿
领养
领养
儿子
女儿
同卵双胞胎
异卵双胞胎

“家庭族谱图”示例

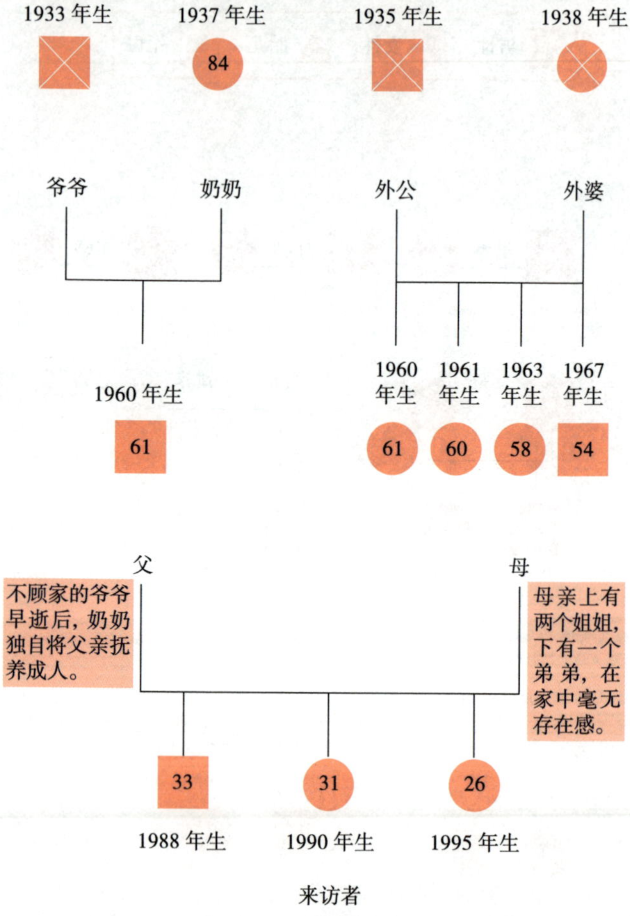
1933 年生
1937 年生
1935 年生
1938 年生
84
爷爷
奶奶
外公
外婆
1960 年生
61
1960 年生
1961 年生
1963 年生
1967 年生
61
60
58
54
父
母
不顾家的爷爷早逝后，奶奶独自将父亲抚养成人。
母亲上有两个姐姐，下有一个弟弟，在家中毫无存在感。
33
31
26
1988 年生
1990 年生
1995 年生
来访者

通过“家庭族谱图”的绘制，咨询师可以在短时间内迅速地掌握来访者家庭的整体信息，对于家庭心理治疗很有裨益。然而，对于没有做好心理准备的来访者或其家人来说，深度回顾并剖析家庭关系后绘制“家庭族谱图”是一件极为痛苦的事情。但不可否认的是，来访者通过绘制并分析“家庭族谱图”，回顾自己以及家庭的过往经历，有利于深入理解自己现在所承受的痛苦，从而摆脱痛苦，寻找幸福。

三代人的家庭心理治疗

“家庭族谱图”不但能帮助咨询师了解来访者复杂的家庭结构，也能使来访者及家人形象地看到家庭的发展史、关键事件对家庭的影响，家庭成员之间的关系，以及目前家庭的状态。在绘制“家庭族谱图”的过程中，来访者可以思考这些问题：目前的家庭是否正在重复上一代的家庭模式？什么事件是家人关系的重要转折点，同时也是一系列家庭问题的开端呢？为使“家庭族谱图”

的治疗更有成效，我们首先需要了解来访者祖父母的某些行为给父母这一代人造成了何种影响，进而剖析父母给来访者带来了何种影响。为此，我们需要分别了解三代家庭成员的特点。

父母

父母属于特殊的一代人，上有老，下有小，是整个家庭的中坚力量。父母之间的夫妻关系又是整个“家庭族谱图”中极为重要的组成部分，这对于理解整个家庭系统十分必要。如果仔细观察父母之间相处的行为，则不难理解整个家庭的相处模式。父母从恋爱到结婚的过程，是父母从各自的原生家庭中分离并实现独立的过程，往往伴随着父母与各自原生家庭的矛盾与冲突。这是因为父母步入婚姻殿堂之时，正是渴望从原生家庭中实现分离的年纪，父母想要通过组建新的家庭来治愈原生家庭导致的心理创伤，希望通过伴侣来实现过去没有得到满足的愿望，缓和未曾解决的矛盾，改变受原生家庭潜移默化影响形成的价值观和生活模式。然而，这些对伴侣的期待极有可能会演变为对伴侣的过分要求，甚至成为产生夫妻矛盾的最大诱因。更为严重的情况是，父母双方在原生家庭中形成的关系模式和遗留的矛盾将会在夫妻关系中凸显出来，并且不断地重演原生家庭的不幸。

父母在选择伴侣时，都希望对方的原生家庭是幸福美满的，但现实却是各自的原生家庭所导致的创伤如影随形，并不断地在婚姻生活中显现出来。随着婚姻生活的深入，父母渐渐地发现对方与自己的期待有所落差，夫妻矛盾由此而生。“精神分析理论”研究表明，人总是倾向于将原生家庭中那些未曾得到解决的问题转移到夫妻关系中，并向伴侣发泄未曾对父母表达的愤怒或不满之情。我们通过观察父母之间的相处模式，就可以清楚地了解原生家庭所导致的心理创伤和遗留的矛盾冲突如何代代相传，又如何影响祖父母、父母、孩子三代人的生活。

子女

孩子的出生是父母人生的重大转折点，也是整个家庭中颇具影响力的重大事件。我们通常只认为小孩子在成长过程中，会单方面地受到来自父母或其他长辈的影响，殊不知，孩子们从出生起就已经在积极地影响整个家庭，甚至有的孩子小小年纪就承担起了守护家庭的责任。更有甚者，有些父母之间存在矛盾或出现情感问题时，希望利用孩子来缓和或解决矛盾。

家庭中潜在的问题和未曾妥善解决的矛盾，往往会在子女这一代人的身上逐渐显现出来。孩子的心理问题一旦变得严重，势必要寻求心理医生的帮助。而这时整个家庭就会很容易陷入混乱，这也证明了“孩子表现出的只是隐藏的心理症状，而家庭才是真正的病因”，出现心理问题的孩子则是可怜的“家庭牺牲品”。

心理学临床研究表明，在家庭中并不是只有那些较为弱小的孩子才会出现心理问题，那些看似坚强的孩子也会有严重的心理问题。诱发孩子表现出心理症状的原因有很多，有时是因为孩子对家庭的过度责任感，有时是因为孩子选择了牺牲自己的健康成长来换取家人的关爱。

兄弟姐妹

在家庭中，父母与子女的关系是最重要的，其次便是兄弟姐妹之间的关系。因此，理解兄弟姐妹之间的关系也是极为必要的。父母与孩子之间的关系是垂直关系，即“上下关系”，是一种纵向的人际关系，而兄弟姐妹之间的关系则是一种横向的“水平关系”。兄弟姐妹之间的关系是家庭中唯一存在的水平关系，本应彰显家庭中的公平原则。然而，兄弟姐妹之间却时常因存在的“不公平”而爆发出许多矛盾。年幼时，孩子们为获得父母更多的关爱而展开激烈的竞争；长大后，更是因为父母的遗产分配问题而争吵不断。另外，若是兄弟姐妹中的一人患有残疾或重大疾病，父母便会对这个特殊的孩子倾注更多的关爱。此时其他孩子则会由于情绪失落和缺少父母的关爱，自然而然地就会产生严重的心理创伤。

祖父母

祖父母是家庭中的“活历史”，承担着向子孙后代讲述家族故事的重要责任。有些来访者的祖父母年岁已高，面临着与家人的分别。但是，也有些来访者的祖父母年轻力壮，仍能为自己的孩子甚至是孙子、孙女提供物质或精神方面的帮助。在“家庭族谱图”的分析过程中，我见过许多来访者的父母在面对自己父母（即来访者的祖父母）时，表现出了极端的抵抗情绪。心理学上将这种情况理解为：来访者父母是在借此宣泄自己内心的焦虑、怨恨、愤怒、罪责感，抑或羞耻心。

个人所描绘的家庭关系

在来访者及家人绘制“家庭族谱图”之后，心理治疗才可以正式进入“建立家庭”这一步骤。

“建立家庭”的第一步是来访者及家人分别表述

自己与其他家庭成员的关系。而这一步又被分为语言与非语言两种沟通形式。当一人开始描述自己与其他家庭成员的关系时，我要求他同时用行动来表现出这一关系的亲疏程度。倘若一人说“我们之间关系很好”则需要通过调整位置来靠近对方；倘若一人声称“我们之间的感情有些疏远”，双方则需要立即分开就座；倘若一人说“我们俩之间很合不来”，这时则需要双方转身，背对背而坐。

这种语言与非语言沟通形式并存的心理疗法，正是通过咨询时成员之间的位置远近以及面朝方向等非语言细节，来客观地表现来访者家人之间的亲疏关系。除此之外，在咨询师的指导下，家庭成员之间还可以采用更加具有细节的非语言表现形式。例如，来访者认为某位家人总是很霸道，导致来访者在这位家人面前会感到很拘束，我就建议来访者大胆地用手指向那位家人。若是来访者声称自己在家庭中感到压力很大，我则会建议来访者在咨询时在身上绑一块真正的石头。倘若来访者表示“我们之间无法好好沟通”，咨询时则在二人座位之间真实地画上界线。在 30 多年来的心理咨询历程中，我为许许多多的家庭进行过家庭心理治疗。在“建立家庭”的第一步过后，我见过有的家人独自蜷缩在咨询室的狭小角落里；有的孩子和自己的妈妈紧紧地拥抱在一起；还有的家人仿佛要冲出咨询室一般，焦急地站在咨询室的门边。像这样通过一个细微的表情或是一个小小的行为，就能使来访者的情感表述更加清晰，就能使各家庭成员之间的亲疏关系一目了然。每一位来访者及家人都能够自由且清楚地表达自己的想法，正是“建立家庭”的目的所在。

在第一位家庭成员将自己心中的家庭关系表述完毕后，咨询师或助手会扮演其角色，去亲身体验第一位家庭成员所处的家庭氛围，以及在这样的家庭环境中所可能产生的情感。咨询师或助手往往会与自己扮演的家庭成员感受到同样的情感，或压抑，或不适。这时就需要咨询师或助手把这些情感一一表述出来。

之后，咨询师将向其他每位家庭成员提问当下的感受和感觉。但需要注意的是，被提问的家庭成员不需要经过慎重的思考得出缜密的判断，只需要提供个人当下最直观的感受即可。由于家庭也是一个“小型社会”，具备一定的等级秩序，因此我在向其他家庭成员进行提问时，常常秉持“长者优先”的原则，按年龄顺序一一提问。

在这个过程中，第一位进行表述的家庭成员则需要作为旁观者，冷静地思考和分析其他家庭成员的感受。此时，他往往很容易理解家人们所描述的情感：“原来爸爸的感受是这样的。”“原来妈妈是这样想的。”从而开始对家人产生认知上的转变。至此，第一位家庭成员的治疗告一段落。接下来，下一位家庭成员重复这一过程，直到所有家庭成员全部完成第一阶段的家庭心理治疗。

“建立家庭”的第一阶段，又称“安慰和治愈阶段”，主要包括来访者及家人形象地抒发自己的情感，以及咨询师通过角色扮演代替来访者及家人表达观点或情感。

“家庭结构大调整”

下面就要进行“建立家庭”的第二阶段，也就是“调整阶段”。在第一个阶段，所有家庭成员都表达了自己的情感，其中普遍存在着大量的负面情感。第二个阶段就是咨询师组织来访者及家人进行自主调整，其最终目的是消除家人之间的负面情感。比如，感到孤独的人可以相互靠近，与某人在一起感到压抑的人可以与其分开就座。在这一阶段，会存在大量的调整和移动。由于来访者的家庭中存在着复杂多样的矛盾，因此“家庭大调整”是一项十分艰难的工作。我见过不少来访者主动向某位家人靠近，对方却因此倍感压力而选择远离。但幸运的是，由于这是一项所有家人共同参与的“大调整、大移动”，因此在这一过程中各位家庭成员的情感需求一目了然，有利于咨询师的理解与分析。在所有调整结束后，咨询师再次向每位家庭成员提问：

“调整之后，你的感受如何？与之前有何不同吗？”

“我现在感觉很好。”“我不喜欢现在的状态。”“我觉得这种状态不太舒服。”等等，家人之中会出现各种各样的回答。在这一阶段回答“我感觉很好”的人，往往心理状况良好，稍做努力便可以实现情感上的治愈，接下来只需要通过实践来维持自己喜欢的家庭状态。

"你觉得要维持这种令你'感觉很好'的家庭状态，有哪些具体的方法呢？"

心理状况较为良好的家庭成员，可以积极地思考以上问题，自主地找出答案。然而，"建立家庭"进行到第二阶段时，大多数家庭成员仍然不能自主地将家庭结构调整到自己喜欢的状态。这时则需要进行下一阶段的治疗，也就是"走出原生家庭的阴影"。

走出原生母爱的影响

"建立家庭"的第三阶段，需要来访者及家人不要将自己的情感局限在现在的家庭中，而是将自己的情感回溯至原生家庭中去，在原生家庭中寻找负面情感的根源。

在第三阶段中，首先由父母中受到心灵创伤更严重的一方开始进行情感溯源。下面我将以“妈妈”为例，示范正确的引导方法。

起初，我要求来访者的妈妈描述自己成长过程中的家庭结构，来访者的妈妈往往会逃避回忆过去，只是说“都过去了，不提过去的事了”。然而，在经过“建立家庭”的前两个阶段后，来访者的妈妈开始自然地倾诉过去的故事。只有来访者的妈妈将情感表达出来，获得家人的理解后，她内心的伤痛才能得到治愈。值得注意的是，“建立家庭”的第三阶段强调“溯源”，因此来访者外祖父母之间的和解就变得尤为重要。来访者母亲的创伤与阴影，正是因为来访者外祖父母之间的夫妻矛盾没有得到及时的解决。因此，来访者的母亲若想得到治愈，就必须从来访者的外祖父母开始，解开二人心头缠绕多年的心结，实现相互理解。

来访者的外公需要主动向外婆道歉：“你辛苦了，这么多年来都是你在照顾这个家，我却什么都没做，对不起。”外婆听到如此诚恳的道歉后，开始原谅外公：“我一直都在恨你，恨你不顾家。但今天听到你的道歉，我感到很欣慰。”这一过程之后，我再次向来访者的外公外婆询问他们当下的感受，外公不好意思地答道：“我心里舒服多了！”先前背对而坐的外公外婆在不知不觉中开始并肩而坐，并且深情地凝望对方，二人逐渐实现和解。此时，治疗的焦点将重新回到来访者的妈妈身上。

“先夫妻，后子女”

前文说道，来访者的外祖父母先前是处于“背对而坐”的不和睦状态，二人将全部精力都集中在了夫妻之间的关系上，毫不顾忌子女的情感。在这样的原生家庭中，来访者的妈妈渐渐地满怀负面情绪。心理学中强调“先夫妻，后子女”的概念，就是说在一个家庭中，只有首先处理好夫妻关系，然后才有可能处理好亲子关系。正因如此，在来访者外祖父母之间的夫妻关系得到缓和后，外祖父母二人才开始注意到自己那可怜的女儿。

“女儿，原来我们对你的关心少之又少。爸

爸妈妈一直忽视你的感受，你很难受吧？女儿，对不起。”

以我 30 多年的家庭心理治疗经验来看，绝大多数孩子在听到父母的道歉后，委屈与愤怒之情会爆发出来。

“你们现在说这些，有什么用呢？以前为什么不好好对我？现在说这些不觉得迟了吗？你们以为轻描淡写的几句道歉，就能弥补我受伤的内心吗？”

我们需要明白的是，像这样宣泄自己的愤怒才是一种健康的表现，那些立刻答道“没事的”“都过去了”的孩子压根就没有放下内心的防御机制，依然无法走出内心的阴影。面对愤怒不已的孩子，咨询师需要对其进行言语上的鼓励。

“你现在做得很好，真的很好。发泄自己的情绪是很正常的。现在你可以试着相信父母，向父母倾诉自己的感情。你真的很棒了，可以再勇敢一点儿，向父母表达出自己的真实感受。”

在孩子慢慢敞开心扉的过程中，咨询师的指导固然重要，但最重要的还是父母的鼓励与接纳。每当孩子鼓起勇气向父母表达自己的感受时，父母都应当予以倾听与接纳。在受到父母的鼓励后，孩子才会有可能进行下一次的倾诉。只有在这一次次的倾诉中，孩子才能逐渐地平静下来，逐步治愈心灵的创伤。

与之相反，那些不肯表达自己的真实感受，只是一味地说“我没事”“我已经原谅父母了”的孩子，并没有真正得到治愈。这一类孩子由于受到的家庭伤害过于严重，已经形成了“反正父母也不会听我倾诉，我干脆不向父母倾诉”“只要我不去想，我就不会难过”的思维定式，比起向他人倾诉自己的感受，他们更愿意自己默默地消化苦楚。

只有将自己对父母的“怨恨”“遗憾”“失落”一鼓作气地发泄出来，才能真正地在情感上靠近父母。此时，孩子才能真正地感受到父母的歉意，从而慢慢地走出原生家庭的阴影。

“我好，家才好”

然而还有一种令人唏嘘的情况，就是有些来访者的外祖父母之间无法实现良好的沟通，导致来访者家庭的矛盾从根源上得不到化解。我曾遇到过不少这样的情况，在我建议来访者的外公先向外婆道歉时，外公却丝毫感觉不到自己的错误，反而说道：“我对她没什么可抱歉的。”就这样，外祖父母之间无望实现有效的沟通。来访者的外公为什么会出现这种心理呢？实际上，来访者的外公也是从小受到了原生家庭的严重伤害，因此他选择用全部的精力来爱自己，即使是婚后也很自私，全然不顾妻子的感受。在治疗无法正常进行的情况下，可以让家庭中心理最强大、思想准备最充分的家庭成员首先开始道歉。

还有一种较好的解决方法是，在咨询师的指导下解开来访者外公关于原生家庭的心结。例如，我曾扮演外公的父母，向来访者的外公道歉。战争时期外公的父母无奈丢下年幼的儿子独自逃亡，尽管后来家人团聚，儿子却出现了严重的心理问题。因此，我以老夫妻的口吻对来访者的外公道歉：

> “爸爸妈妈真的很爱你，不是有意丢下你一个人的。战乱的时候，我们实在是没法带你一起逃亡啊，爸爸妈妈对不起你。孩子，这么多年你一定又害怕又孤独，爸爸妈妈真的对不住你。”

来访者的外公在听到“父母”真诚的道歉后，才渐渐地放下内心的戒备，开始吐露自己的心声：“我真的受了很多苦。”“我很孤独。”“我恨爸爸妈妈。”在心中积压已久的情感得到宣泄之后，来访者的外公开始理解其他家人的感受，下定决心向妻子道歉。然而令人意想不到的是，来访者的外婆在听到丈夫的道歉后，却表示：“我无法轻易地原谅丈夫。”咨询不得不再次中断。了解情况后，我发现来访者的外婆从小被父母送养，导致她对原生家庭有很深的怨恨，因此我又扮演外婆的父母向来访者的外婆道歉：

“女儿，我们也不想把你送给别人。但是在那个年代，咱们家里人多，饭都吃不上，我们没有办法啊，不得不把你送给别人抚养。孩子，你一定很想念爸爸妈妈，一定受了不少苦吧，爸爸妈妈对不起你。”

就像这样，只有当来访者的外婆从原生家庭的阴影中走出之后，才开始考虑接受丈夫的道歉。这一过程看似十分复杂，实际上是两位老人通过与各自的原生家庭和解，将自己从原生家庭的阴影中解救了出来，从而获得了与对方和解的坚韧力量。

当外祖父母之间的夫妻矛盾得到解决后，再正式开始解决来访者妈妈以及其他家人的问题。这一治疗过程结束后，可以明显地感受到来访者家人们的情绪变化。此时便可以进入“建立家庭”的第二阶段。

“现在请自由地进行位置调整和移动，找到你个人认为最舒服的状态。”

一般来说，在这一阶段，绝大多数家庭成员可以找到令自己舒服的家庭状态。只有在舒服的状态下，家庭成员之间才可以畅所欲言，自如地表达自己的情感。妻子鼓起勇气向多次出轨的丈夫表达自己的不满："你为什么要出轨呢？你知道我有多恨你吗！"而此前一向回避出轨问题的丈夫终于向妻子道歉："我错了。我现在很后悔。我让你和孩子伤心了，对不起。"在这一来一往的真心话中，就渐渐地形成了新的家庭模式。

在新的家庭相处模式中，父母之间的关系更加亲密，兄弟姐妹们则同心同力地守护父母和家庭，孩子们的心理创伤和阴影渐渐地消失，家庭中每个人在追求幸福的同时，也关心着家人。

属于我们的奇迹，永生难忘

接下来，"建立家庭"将进入最后一个阶段，即"保持阶段"。在历经了众多困难之后，新的家庭相处模式终于形成，那么应该如何做才能保持良好的模式呢？答案就藏在这最后的治疗过程里。在这一阶段，所有家庭成员将在咨询师的引导和鼓励下，积极地探索维持方法。

“现在大家的相处模式真的很不错，那接下来我想请大家谈一谈：‘各位认为自己能做什么具体可行的事情呢？’请大家不要使用‘我要多爱家人一点儿’‘我会多努力一点儿’这种宽泛的语句，而是要列举几件可实施的小事。”

就这样，大家开始纷纷畅所欲言。

“我一定要给家人做一顿可口的晚餐。”

“下班回家后，我一定关心一下孩子们的学校生活。”

“丈夫在上班的时候，我一定要给他发一次短信息，让他鼓起干劲儿！”

“下班到家的时候，我一定要大声地说：‘我回来啦！’我要好好地和妻子打声招呼！”

一周之后，我会检查所有家庭成员的实践情况，确保每人都做出了实际的努力。“建立家庭”就是这样，各位家庭成员在实现相互理解后，通过调整和改变去找到各自舒适的状态，并为保持这一状态而不懈努力，最终创造“重拾幸福”的家庭奇迹。

“建立家庭”仅需 3 小时，就治疗效果来说，却相当于 20 次以上的普通心理咨询。正因如此，“建立家庭”后可以产生惊人的变化。但需要注意的是，由于“建立家庭”这一过程是家庭众人共同参与，因此最终结果不是由来访者或咨询师决定，而是于整个家庭中自然产生的，离婚、复婚、分家，都不无可能。但我们可以确定的一点是，新的家庭模式是在家人们坚韧的力量下产生的，因此其具有长期且牢固的特点。

在 30 多年的家庭心理治疗中，我见证过无数的家庭奇迹，无数次地感叹来访者及其家人的惊人力量。时至今日，我依然能够感受到每个家庭的力量。也正是这些家庭给予我的鼓励，我才得以坚定地走到今天。

曾经有一位女性来访者，在家庭心理治疗结束后，被自己家庭所产生的巨大转变所震撼，感动得泪流满面。

“我会永远铭记今天的！我一直以为我对妈妈的恨意永远不会消失，没想到我今天真的不恨妈妈了。重新‘建立家庭’后，我好像拥有了无穷的力量，整个世界仿佛都变了。”

其实世界并没有变，真正改变的是来访者及家人的内心。每次目睹来访者及其家人的巨大变化，我都会有新的人生感悟。而这一巨大变化，于每位来访者而言，就是最美的家庭奇迹。家庭的奇迹，激励着我们每个人勇敢前行，去创造美好的未来。家庭心理治疗让我每天都在见证奇迹。

第四部分

换个视角
看母爱

积极地
治愈人生

“理解内心”的下一阶段

在心理咨询中，有两种常见的治疗方法。第一种是“描述治疗法”，即来访者通过回答咨询师的问题来描述自己的状况，认清自己的“病因”，从而“对症下药”，以此达到治愈内心创伤的效果。

第二种方法是“实践治疗法”，即来访者在咨询师的指导下，通过具体可行的实践来改变自己的行为以及人际关系。然而，“实践治疗法”往往会局限于“行为变型”的层面，不能达到深层次的理解和抚慰效果，因此具有外在性、即时性等特点。在育儿节目中，专家常常对婴幼儿进行某种特定的刺激后，然后观察婴幼儿的行为变化，这就是“实践治疗法”的典型实例。与之相反的是“描述治疗法”，来访者在进行治疗后，不会有即时的外在反应，而是持久且长效地改变来访者的内心。两种治疗方法，各有所长，各有所短。因此，在心理咨询中我致力于使用两种方法，使其相辅相成，共同发挥长处，帮助来访者克服心理创伤。

在咨询中，我会首先进行“描述治疗法”，通过对来访者进行一系列的提问与引导，帮助来访者找出内心创伤的根源，从而治愈心灵。然后，才正式进行“实践治疗法”，即来访者通过具体的实践，巩固上一阶段的成果。那么这一过程，具体是如何展开的呢？

丈夫对妻子说：“我为什么晚回家？还不是因为你总是唠叨！”

妻子对丈夫说：“我为什么唠叨呢？还不是因为你总晚回家！”

夫妻二人都认为自己的行为是合理的，潜意识里将所有错误都推脱给了对方，因此在夫妇对话中双方会不约而同地提高音量，摆出争吵的架势，试图在气势上压倒“做错的一方”。然而，在几次“描述型治疗”后，夫妻双方渐渐地不再固执己见，开始倾听对方的声音，尝试着去理解对方。

“原来丈夫是这种心情啊！”

“原来妻子是嫌我回家晚呀！”

“原来痛苦的人不止我自己。”

“我一直以为自己是对的，没想到是我错怪你了。”

“原来丈夫是需要获得我的认可啊！”

“原来妻子真的生气了。”……

在一句句肺腑之言中，夫妻二人渐渐地开始理解对方。只有实现了初步的理解，二人才能开始探寻可操作的方法，来维持这种良好的变化。

我依旧以“建立家庭”为例，系统地阐释何为“实践治疗法”。来访者在通过“建立家庭”找到满意的家庭结构后，为了维持这一良好的结构，就需要积极地采取行动。具体的行动与可操作的方法，就是“实践治疗”。

“一周时间内，你会采取什么行动来维持良好的家庭结构呢？”

当被问到这一问题时，大多数来访者都能给出满意的答案：“我晚上会早点儿回家。”“丈夫回家时，我一定开心地迎接他。”这些日常生活中平平淡淡的小事，却正是心理治疗中拯救家庭不幸的最佳方法。

只有“描述治疗”和“实践治疗”双管齐下，来访者才能够进行好的转变。然而，要想实现这一转变还需要有一个十分重要的前提——来访者的决心和意志。在咨询中，我见过不少来访者直到咨询结束也无法打开自己的心扉，结果导致心理治疗毫无成效。每当看到来访者痛苦不堪但却主动放弃心理治疗时，我的心情也会无比沉重。每个人内心的创伤不同，对“变化”的接受程度也不尽相同。有的人看似人生得意，顺利无比，但是走近细细地端详，却总能发现他的苦楚与伤痛；有的来访者可以很快就接受我的建议，并且在我的指导下产生良好的变化；有的来访者却始终带着怀疑与焦虑，全然无法接受我的治疗。

甚至有些来访者的态度表现得十分强硬，在我提出建议后，对我说：“你的这个方法不可行。”“我自己的问题，我还能不知道吗？肯定不是你说的这样！”每每遇到这种情况，我也十分难过，心情极为沉重。我十分理解来访者的心情，一个人若是长期处于某种痛苦的环境中，人的感知就会弱化，无法看清自己的问题。虽然深知心理咨询是一件极为艰难的事情，但我从未放弃努力。我力图使来访者打开心扉，希望能够帮助来访者出现好的变化，希望在心理治疗的帮助下，每位来访者都能够卸下坚硬的防御外壳，勇敢地克服自己及家庭的问题。

积极的“意义转换法”，改变现状

在我上大学的时候，妈妈曾对我说过一句话，令我印象极为深刻。那时，我刚刚进入大学，雄心勃勃地加入了播音社团。没过几天，我便发现播音社团任务多、责任大，我开始彷徨，想要退出社团。我的内心十分焦虑，想要对妈妈倾诉，却又害怕妈妈会对我失望。就在这时，妈妈看出了我的心思，主动对我说：

> “孩子，妈妈知道你现在很辛苦，但你要坚持下去呀！因为这是上天的旨意，上天认为你具有担此大任的能力，才把这么重要的任务交给你，所以你要开心地接受这一切。”

听完妈妈的话，我豁然开朗。从此，我不再认为播音社团的活动是很繁重的事情。我开始以轻松的心态接受社团任务。我的妈妈正是使用了积极的“意义转换法”，将繁重的任务、负担转换为了积极的能力和价值，使我重新拾起了信心与希望。

在心理治疗中，我常常使用“意义转换法”，赋予来访者的现状以积极的意义。有位男士前来进行咨询，倾诉说自己的妻子“总是很疲惫、很忧郁”。遇到这种状况时，我不会劝告来访者：“采取积极的行动，去调动妻子的积极性。”而是告诉来访者：“妻子需要休息，你只需要给妻子留出一定的私人空间。”在这样的意义转换下，丈夫的心态开始放轻松。在妻子再次忧郁的时候，丈夫不再过度紧张，而是享受自己与妻子各自休息的时光。

积极的“意义转换法”适用于多种情景。曾有一位女性来访者吐槽说：“我丈夫太懒散了，总是打不起精神。”在心理治疗中，我将这种情况转换为：“你的丈夫拥有潜在的能量，一旦迸发出来，整个人都会活力满满！”听到这样积极的解释后，女士开始对丈夫抱有期待。然而丈夫若想实现真正的转变，还需要自己内心的接受与改变，将意义层面的转换延伸至行动上的转变，良好的变化便会由此而生。

在咨询过程中，有些来访者总是反驳咨询师的话，使得咨询师头疼不已。一旦遇到这种情况时，我会以更加积极的态度对待来访者。

> “我发现，您拥有极强的判断能力，拥有准确分析问题的优点。”

在听完我的话后，来访者的态度发生了巨大的转变。

“你真的认为这是我的优点吗？其实我并不是故意反驳你，我只是着急把我的想法说出来。但我发现，很多时候，大家不喜欢我这样做。”

在这样的一来一往中，来访者的态度开始变得友善，咨询也因此得以顺利进行。由此可见，积极的“意义转换”治疗，使来访者的情感需求得到满足，从而很容易地对咨询师打开心扉。

“意义转换法”同样适用于家庭成员的角色转换。在心理咨询中，我建议来访者转换一下视角去看待家人。比如，“控制欲很强的爸爸”可以被看作是一位“对家庭极具责任心的好爸爸”。“很唠叨的妈妈”也可以看作是“关心家人，时刻为家人操心的好妈妈”。若以积极的视角来看待“叛逆的儿子”，儿子是在“用自己的叛逆来吸引父母的注意力，希望父母不再争吵”。

人首先需要被最亲近的家人理解，并且在得到家人积极的评价后，才能产生自尊、自信。与此同时，拥有自尊的人，才有可能以积极的视角去看待家人，才能够以积极的行动去维系良好的家庭关系。在心理咨询中，来访者在得到家人的理解，并且获得来自家人的肯定后，常常会不自觉地变得温柔，从而进一步配合心理治疗。

“我也不想唠叨。但是没人肯听我说话，我只能大声地呵斥他们或者不断地唠叨。我并不想这样的，我也想要一个温馨和睦的家庭。”

就像这样，来访者开始卸下坚硬的防御外壳，再次谈起家庭时，也不再是一味地埋怨与厌恶，而是美好的畅想。

还有些来访者，从咨询开始到结束，一直怀揣着十分悲观的情绪：“我很担心可能会下雨。”“考试考不好可怎么办？”尽管我数次建议来访者停止这些消极的想法，尽可能地讲述一些乐观的事情，但来访者始终不肯改变。在遇到这种棘手的情况时，我依旧选择“意义转化法”，为来访者的消极想法赋予积极的意义。

“您是一位十分谨慎，懂得规避风险的人。通过您的描述，我看到了您的真挚和认真。”

像这样，在心理咨询中，我将来访者的“过度悲观”理解为“谨慎”“真挚”，从而使得来访者提高了自信，有利于来访者的认知转换。在心理学中有这样一句话：“语言解决问题，认知改变生活。”在我看来，积极的“意义转换法”亦可改变来访者的人生。

改变我们的意识

然而，在面对心理症状各不相同的众多来访者时，“意义转换法”并不总是万能的。比如，有些来访者依旧唠叨不断，还有些来访者本来已经答应家人要戒酒了，却依旧外出喝酒。在这种情况下，咨询师就需要采取更进一步的治疗方法。我以后者为例，进行简单的说明。

> “请各位家人重点关注：这位男士一周之内几天没喝酒？没喝酒的那几天，他做了什么事情？”

倘若来访者一周之内有三天在外面喝酒，即四天没有喝酒，那我会询问来访者在没有喝酒的那四天中分别做了什么事情。像这样，改变我们的负面想法，将我们的视线集中于希望发生的事情上，才可能真的出现好的结果。

还有一种方法是“打破固定模式”。有时候，我们常常会出现这样的思维定式，听到：“举起手来！全部趴下！把钱装到袋子里！”，我们会在脑海中自动地联想到所有人按照指令行动的画面。但是，假如有一个人做了与指令完全相反的事情，那会怎样呢？由于此举远远超出了我们的想象，因此我们的大脑往往会出现短时宕机，无法展开下一步的联想。

在处理人际关系时，我们也可以采用这一方法来打破思维定式和固定的联想模式。夫妻之间由于相处时间较长，更易产生负面的行为模式。尽管夫妻争吵的导火索不尽相同，但归根结底都能找到其中的固定模式。我们以“丈夫下班回家”这一情景为例，演示夫妻争吵是如何在固定模式的作用下发生的。丈夫下班回到家，看到家中一片狼藉，便发火，并冲妻子吼道：“家里怎么乱成这个样子？你在家里都干什么了？”妻子不堪示弱，像往常一样又委屈又生气地说:“你以为我在家很闲吗?”就这样，夫妻开始陷入无休止的争吵。反之，我们打破这种固定模式，来设想一种出乎意料的场景。

当丈夫回到家，看到一片狼藉开始发火的时候，妻子并没有像往常一样立即反驳，而是对丈夫的批评予以接受：“我也是这么想的，家里实在是太乱了。”妻子的话远远地超出丈夫的预料，导致丈夫的大脑暂时出现空白，而愤怒的情绪一旦被中断，夫妻二人则很难继续争吵下去。因此，打破固定的相处模式，改变根深蒂固的思维模式，就是改善人际关系的良好开始。

在亲密关系中，当对方做出某种令自己讨厌的事情时，我们的愤怒与不满之情往往会瞬间爆发。要想改变这种情况，那么不妨制作一个“讨厌清单”，记录对方一周之内做了多少件令自己讨厌的事情。

令我讨厌的事情：到处乱扔袜子、随手乱丢垃圾……

一周中的讨厌清单：记录每种讨厌事情发生的次数。

我建议来访者自主制作这样的清单，每当对方做了清单上的事情时，不要立即抱怨或批评，而是立即在清单上进行记录。

在实际操作中可以发现，清单上记录的实际次数远比我们想象中的次数要少很多。这一方法同样适用于解决孩子与父母之间的矛盾。

父母做的令我讨厌的事情：打电话唠叨我、妈妈对我讲爸爸的坏话、不提前打电话突然来我家……

孩子可以制作这样的清单，按照相同的步骤进行实际操作。在实际操作中，孩子与父母的关系将会发生巨大的变化。当父母做出一些令孩子讨厌的举动时，孩子不能将愤怒之情当即爆发出来，而是离开现场在清单上进行记录。当父母看到孩子的变化时，往往会自觉地开始转变自己的态度："我得注意一下我的行为。""我也要改变自己。"就这样，双方共同的变化开始带动家庭的良好转变。

在与他人的人际交往中，我们有时很难理解对方的某种行为。但事实上，这些行为并不是对方的独立行为，而是在两个人的相互作用和相互影响下产生的“关系行为”。也就是说，原来双方都在给一段关系带去负面的影响，只是我们尚未意识到这一点。

家庭心理治疗中有一个著名的概念，叫作“情感账户”。首先，“情感账户”是对人际关系的一种比喻。我们将人际关系中的相互作用，比喻为银行中的存款与取款。“存款”可以建立关系，“取款”则使得人们的关系变得疏远。家庭心理治疗中使用的“情感账户”强调“存款”，也就是侧重于家人之间积极的相互作用。通过使用“情感账户”，来访者及家人之间可以达到双赢的效果。“我先微笑，那么对方也予以微笑。”“我为对方冲杯咖啡，对方也会为我冲咖啡。”“我真诚地注视对方，对方也会真诚地看着我。”就像这样，在“情感账户”的作用下，积极的行为总能换来对方积极的回应，双方关系在短时间内也就得到显著的改善。然而，夫妻关系或亲子关系的改善若想达到上述程度，则需要耗费较长的时间。这正是因为夫妻之间或孩子与父母之间在

“情感账户”中“取款”过多，在一次次的相互伤害中，双方的关系渐渐疏远，难以轻易缓和。

“你总惹我生气！”

“才不是呢！是你先惹我生气的！”

上面这简单的两句对话，在解决问题时是极为典型的错误思维模式。在这种思维模式下，人们将出现矛盾的根源归结为对方，将自己想象为可怜的受害者。长此以往，人们就无法展开积极的设想，不肯主动做出改变，并以此来引导对方的改变，也就永远无法真正地解决双方的矛盾。

心理治疗就是帮助来访者打破这一思维定式，让每一位来访者都意识到：“修复关系应该由自己开始。”“我想从对方处得到什么，那么我就应该首先做到什么。”

有一位来访者前来进行咨询，说自己的妈妈每天反复唠叨，令自己痛苦不已。我告诉来访者，若想解决这一问题，首先需要问一问自己：“我可以做什么？我做什么才能让妈妈不唠叨呢？”从我做起，改变自己，这才是真正想要解决问题的态度。

妈妈的唠叨令人头痛，那么来访者需要做什么才能让妈妈放弃唠叨呢？那就是转移妈妈的注意力。当妈妈反复地讲述同样的事情时，一定有其内在的原因。此时，来访者需要发现妈妈的焦虑或渴望，从根源上满足妈妈的诉求。只有这样，才能摆脱唠叨的恶性循环，开启家庭和睦的良性循环。

然而许多来访者仍踟蹰不前，不肯主动地做出改变。他们不是能力不足或实力不够，而是在他们的脑海中总会不自觉地设想对方的负面反应："我主动对人家好，要是人家不理我怎么办呢？""我不敢主动，我怕没面子。"这样的消极想法往往会导致来访者不敢尝试。事实上，不论做什么事情，都需要一个熟悉的过程。初次进行尝试时，来访者可以忽略对方的反应，偷偷地做关心照顾对方的事情。此时，对方一定会感受并猜测到来访者在关心自己。在此过程中，双方得以更加细致地观察对方，增进双方的感情。在经过这一熟悉过程后，来访者便可以主动大方地采取积极的行动，从而修复双方的关系。

陪伴我的“健康自尊”

我常常告诉来访者，积极的心态是解决一切心理问题的关键。

有一位女性前来进行咨询，哭诉说：“我妈妈太偏心了！从小就要求我让着弟弟妹妹。凭什么每次都要我做出牺牲呢？无论我有多么优秀，妈妈从不表扬我。妈妈为什么只对我这么不好呢？我是她的亲生女儿吗？我是不是捡来的孩子啊？”

来访者一旦有了“我可能不是父母的亲生女儿”这种想法，则很难从中摆脱出来。当来访者带着负面消极的眼光看待家人时，心中的“疑点”也随之变多。然而，来访者却从来没有直接向妈妈提过这个问题。在来访者的潜意识里，比起“被妈妈区别对待”，她更害怕从妈妈那里得到“自己不是亲生女儿”的答案。

由于来访者内心的创伤十分严重，咨询期间她一直在向我倾诉自己的痛苦与失落。来访者究竟是不是其父母的亲生女儿，我无从得知。但在咨询过程中我不断地被来访者的能力和勇气所震撼。来访者在没有家人支持和帮助的情况下，凭借自己勤劳的双手和敏锐的市场洞察力在生意场上大获成功。即使被妈妈区别对待，来访者依旧不遗余力地满足了妈妈一个又一个过分的要求。听完来访者的倾诉，我深受感动。

“你真的太了不起了。你没有被苦难的命运打败，反而在苦难中磨炼了自己的意志，锻炼了自己的能力，还成就了一番事业。你真的很了不起！最重要的是你现在有自己的家庭，丈夫和孩子都很尊重你，很爱你。你应该把精力多放在自己的家庭上。”

在咨询中，我一直努力让来访者认识到自己身上的坚韧力量，从而树立起自尊与自信。

“你做到了别人做不到的事情，所以你不要自卑，不要总是低估自己。你可以多想想自己想要的是什么？自己真正最想做的事情是什么？”

来访者对我说："心理咨询使我受益匪浅。我开始对心理咨询感兴趣了，我今后可能会系统地学习心理咨询。"

一年的时间很快就过去了，咨询接近尾声，来访者也已经下定决心要走出妈妈的阴影，过好属于自己的人生。几年后一次偶然的机会，我又遇到了这位来访者，她的变化使我十分震惊。

在这几年时间里，她将自己的专业知识与心理学知识结合起来，在自己的专业领域发展得风生水起。我再次见到她时，她的脸上洋溢着自信又幸福的微笑。她对我说了这么一段令我印象深刻的话。

> "我当年真的是太自卑、太消极了，每天都万分痛苦地纠结自己到底是不是妈妈的亲生女儿。但是真的好神奇，当我按照您的建议转换想法后，我开始看到自己的优点和生活中积极正面的事情。我发现好多事情都和我曾经认为的不一样。您曾说过我有很敏锐的市场洞察力，我发现这正是遗传自我的妈妈。因为我的妈妈就是一位很有投资眼光的人。我的兄弟姐妹中好像只有我继承了妈妈的这一优

点，因此我确定我就是妈妈的亲生女儿。我很喜欢当下的生活和现在的自己。”

一个人只有转变思维，以积极的目光看待他人，才能够树立起健康的自尊，才能获得生活中的满足感。只有以积极的目光看待自己，我们才能观察到自己的坚韧力量，才能够树立起健康的自信。我期待每一位来访者都能拥有健康的自尊与自信，以积极的心态去创造自己的美好人生。

心态决定成败

一位女性来访者的故事令我印象极为深刻。从前，来访者丈夫的生意蒸蒸日上，家庭富裕又温馨。然而一夜之间丈夫的公司出现资金问题，只能破产。不久，温馨的家庭也出现了裂痕，来访者最终与丈夫离婚，独自抚养孩子。在这样巨大的落差中，来访者出现了严重的心理问题。为了年幼的孩子，她选择了接受心理治疗，以期早日担起家庭的重担，走出困境。

但问题是，来访者极度缺乏自信，在咨询过程中一直否定自己。在我的引导下，来访者回忆起了儿时与妈妈一起做打糕的往事。一个个打糕在自己手中成型的自豪感和妈妈充满爱意的注视，使来访者不自觉地流露出了自信又幸福的神情。

> “与妈妈一起做打糕的时候好幸福啊。妈妈在我尚未成年的时候就早早离世了，我好想念妈妈的音容笑貌，好怀念妈妈温暖的双手。”

随着心理治疗的逐步深入进行，来访者渐渐地找到了自己想做的事情——平时就擅长烹饪的她，开了家打糕店。打糕店的生意不错，来访者母子的日子也因此一天天地好转起来。后来，来访者推出了新颖的“打糕蛋糕”，更是广受好评，小小的打糕店名声远扬。在内心极度混乱的日子里，来访者也没有放弃自己，而是积极地寻求心理咨询师的帮助，最终成功地创造出美好生活。有一天，来访者再次来到我的咨询室，与我畅谈了这段时间的心路历程。

“起初，我真的很辛苦，每天窝在小小的厨房里做打糕，累得浑身疼。我也想过放弃。有一天，我看到一位顾客拿着打糕蛋糕高高兴兴地离开，我突然意识到，客人们用我做的蛋糕去庆祝一个又一个美好的日子，我现在做的事情非常特别而且有意义。此后，我更是满怀诚意地为每一位顾客量身定制蛋糕，小店的生意也越来越红火。我的孩子们也以我为豪，说我是最棒的妈妈。”

“最困难的时候，我们租一间小房子住，我和孩子们不得不挤在一起睡觉。那时我就常常念叨：‘我们要是能拥有属于自己的房间就好了。’没想到现在这些都实现了。最重要的是，我现在心态非常好，总能注意到生活中的小幸福。”

当走在人生的分叉路口时，我们总会徘徊和焦虑：“我还要继续在这家公司工作下去吗？”“我要不要去做别的事情呢？”“我应该和那个人分手吗？”“我要不要去一个陌生的城市定居？”思前想后很难做出抉择。但实际上，与其犹豫不决，不如先做出选择。研究表明，那些相信自己，果断地做出选择，并朝着既定目标积极行动的人，即使遇到始料未及的困难，也能够灵活地化解危机，最后很大概率都能获得成功。反之，那些时常质疑自己、内心消极的人，往往一遇到挫折便自怨自艾。这样的人将很难获得成功。一言以蔽之："心态决定成败。"

"心态决定成败"也同样适用于人际关系的处理。一段关系有好有坏，有的人以乐观的心态关注好的一面，有的人则以质疑的心态只看到不完美的一面。在人际交往中，一个人的心态影响着自己对待他人的态度，也密切影响着自己与他人的关系。在亲子关系中，如果孩子感受到了父母的爱与关怀，就会因此尊敬爱护父母。在夫妻关系中，即使丈夫有不少的缺点，如果妻子依旧能包容丈夫，那么家庭也会因此而温馨和睦。在母子关系中，如果孩子曾受到妈妈深深的伤害，仍能打开心扉接纳妈妈，那么妈妈看到这样的孩子时，也会主动改变，从而建立温馨的母子关系。

很多来访者在回忆幼年时惊奇地发现，现在家庭中所存在的矛盾与原生家庭的矛盾极为相似。这实际上是来访者仍未走出原生家庭的阴影。我深知“走出原生家庭的阴影”绝非一朝一夕的事情，但我鼓励来访者要以乐观的心态去积极对待。只有这样，才能摆脱过去的伤痛，逐渐地走向幸福人生。只要拥有乐观心态，我们每个人就都能改变现状，奔向崭新的人生。

我们以何种目光看待世界

我与每一位来访者都是初识，因此在咨询之前，我对每一位来访者都一无所知。在咨询过程中，来访者的倾诉，使我了解到的只能是来访者的痛苦、纠结与矛盾等负面情感，看到的也只是来访者表面的缺点。但是我深知，作为一名心理咨询师，我必须透过这些负面情感去探寻来访者的优点。

“心理咨询”是一项与人相处的工作，看似简单却存在着许多局限。时间上，心理咨询只有短短的几个小时；空间上，心理咨询被局限在小小的咨询室中；形式上，一般以问答形式为主。而咨询师的任务正是在短时间内通过谈话来深入地了解来访者的心理活动，竭尽全力地治愈来访者的心理创伤，帮助来访者改变人生，走向幸福生活。因此心理咨询中最重要的是，咨询师透过来访者的痛苦与创伤，给予每一位来访者最大的尊重与认可。

每个人都是带着上天的祝福降临到这个世界的。每个人的存在都具有其独特的价值。也正因如此，每个人都值得被尊重。只是漫漫人生路上，出于各种各样的理由，我们总是难免会受到他人的伤害，抑或伤害他人。在伤害与被伤害中，有的人能够凭借自身的力量战胜痛苦，而有的人却难以克服痛楚，于是呈现出了各种各样的心理症状。因此，我相信每一位伤痕累累的来访者都一定有其独特的价值，每一位来访者都值得被尊重。

研究表明，每个人自出生起就存在各种各样的需求。这些先天性的需求也被称为“人类的本能需求”。费希塔大学的彼得·西泽教授将“人类的本能需求”大致分为四类，分别是爱与依恋需求、自我实现需求、向往舒适与回避痛苦的需求，以及掌握情况与控制局面的需求。

而“爱与依恋需求”又是四种需求中最为本能的需求，是人类维护自身的基本尊严的普遍需求。正因如此，由于“爱与依恋需求”得不到满足而前来寻求帮助的来访者是最为常见的。甚至在“爱与依恋”中受到挫折的来访者，更容易丧失对自己的信心，丧失对生活的希望。

30 多年来，我看到过许许多多的来访者无法满足自己的本能需求，因而失去了希望，每天仿佛行尸走肉般浑浑噩噩地度过，更有甚者会采取封闭自己、暴力、自杀等十分极端的“自我保护”行为。与其说是“自我保护”行为，不如称其为“自我伤害”行为。许多来访者也因此给自己以及家人带去了不可磨灭的伤害。我在为此感到万分难过的同时，也从中看到了“尊重并满足人类本能需求”的重要性与紧迫性。

在30多年的咨询历程中，我遇到过数不清的来访者，每位来访者身上都存在着各不相同的问题。只有深入剖析每位来访者的“问题行为”和“问题状况”后，我们才能领略来访者“真正的模样”。倘若我们只是看到来访者身上的表面问题，那么我们则永远都无法真正地了解来访者，来访者的问题也难以得到解决。反之，如果我们首先看到来访者的需求或渴望，咨询则会事半功倍。我带着这样的信念真诚地与每位来访者交流。我在帮助许许多多的来访者解决了问题的同时，这些咨询经历也使我得到了进步与升华。

在咨询中，来访者的“自我认知”也极为重要。倘若来访者对自己带有某种先入为主的极端偏见，作为外人很难使其改变。我们每个人都需要明白，我们之所以变成现在的样子，都能找到其根源。我们只要以积极的心态去探寻，发自内心地去改变自己，终会拥有美好的未来。

心理咨询就是帮助来访者摆脱外界的评价或看法，承认并尊重自己的本来价值。尽管“心理咨询”存在着种种局限，而且这些局限使得咨询过程十分困难，但心理咨询仍是卓有成效的。通过心理咨询，来访者能够以一种崭新的视角看待自己与世界，从而重新燃起对生活的希望。

正如我想献给所有人的一句话：

> “你身上潜藏着无穷的力量。你值得一切美好的事物。请永远不要忘记，你是独特而又强大的人。”

谨祝所有人都能够找到内心潜藏的坚韧力量，尽情地享受美好人生。